VITIANA PAOLA MONTANA

VINCI
LA PAURA

Conosci Te Stesso, Supera i Tuoi Limiti, Libera Tutte le Tue Potenzialità e Vivi al 100%

Titolo

"VINCI LA PAURA"

Autore

Vitiana Paola Montana

Editore

Bruno Editore

Sito internet

www.brunoeditore.it

Sommario

Introduzione

«Ci sono due errori che si possono fare lungo la via verso la
verità… non andare fino in fondo, e non iniziare»

Confucio

Il secolo che stiamo vivendo ci vede protagonisti di eventi che
saranno di fondamentale importanza per la nostra storia. Siamo
alle soglie di un'evoluzione sociale, culturale, nonché spirituale
che, sempre di più, sarà interconnessa e riguarderà tutto il pianeta
basandosi, ma soprattutto servendosi dell'informazione.

Se da una parte la tecnologia e la scienza hanno fatto passi da
gigante, non possiamo dire altrettanto per la nostra coscienza, per
la nostra consapevolezza. Il risultato di questa mancata
evoluzione è un evidente e diffuso malessere che imputiamo a
guerre, allo stress, all'inquinamento, alle difficoltà nelle relazioni,
alla paura di vivere, all'economia compromessa, ai mercati
impazziti, al deficit, all'ansia, al caos, alla violenza dilagante, al
pregiudizio, alla precarietà.

Quello che dobbiamo affrontare, la vera sfida che ci attende, è quella di scegliere il nostro futuro. L'essere umano e, nello specifico, la generazione preposta a prendere decisioni importanti per il bene comune, e quindi più consapevole, è chiamato in quest'epoca a decidere per il destino della vita su questo pianeta, per creare una società realmente globale, orientata alla pace e alla cooperazione tra i popoli. Tutto questo dipende da ogni singolo individuo.

In un panorama così poco lusinghiero per il genere umano, esiste infatti una voce fuori dal coro. Si tratta, secondo le analisi sociologiche svolte principalmente negli Stati Uniti, di circa un 25% della popolazione adulta, che si sta attivando fortemente e in modo autonomo, per porre in essere un cambiamento, per migliorare la realtà che ci circonda in ogni suo aspetto.

Il numero di queste persone propositive e creative è in crescita e sta dando vita a cambiamenti culturali che influenzano sempre più profondamente non solo la loro stessa esistenza, ma anche la società tutta, nella sua globalità. Il nuovo tipo di atteggiamento nasce da una profonda rivalutazione dei valori, delle priorità e dello stile di vita, del modo di guadagnarsi da vivere e di spendere il denaro. Queste persone manifestano ogni giorno un cambiamento di paradigma comportamentale e mentale, che risulta più evoluto e completo rispetto a vecchi schemi fino a ora utilizzati, e lo fanno in ogni sfera di loro interesse, nel lavoro così come nella vita privata. Assistiamo così alla nascita di una nuova cultura del benessere globale.

Alla luce di tutto questo, possiamo individuare la formazione di un nuovo paradigma, orientato in senso olistico, che offre una visione totale dell'essere umano e del pianeta. L'uomo, quindi, viene visto come un'unità psicofisica che si evidenzia nel corpo, nelle emozioni, nella psiche e nell'interiorità profonda. È questo il nuovo paradigma che chiameremo "fattore P".

Uno dei suoi punti cardine è che la crisi totale in cui ci troviamo, che può essere definita come un riflesso dello stato di divisione in cui vive ogni singolo essere umano. Dissociato da se stesso, dagli altri e dalla natura, ha come unica via di risoluzione a questo conflitto, lo sviluppo di una nuova coscienza che consenta alle sue qualità potenziali di recuperare unione e armonia interna ed esterna. Possiamo senz'altro affermare che questa sfida alla trasformazione di noi stessi e del mondo in cui viviamo, è il lavoro più urgente e importante al quale dedicarci.

GIORNO 1:

Come nasce la paura

«I tuoi unici limiti sono quelli che crei nella tua mente
o che ti lasci imporre dagli altri.»

Og Mandino

Cari lettori, la frase che avete appena letto è pura saggezza. Prima di iniziare questo percorso, però, voglio anticiparvi un altro aforisma degno di nota.

«C'è qualcosa di più importante della logica: l'immaginazione. Se si pensa subito alla logica, non si può più immaginare niente.»

Alfred Hitchcock

Ora siete pronti per iniziare.

È una bellissima giornata di primavera. Mi trovo nel mio studio come ogni giorno, per lavorare ai miei testi. Ma oggi è un giorno speciale! Aspetto una visita molto importante, di prestigio. Un colpo di campanello garbato. Vado ad aprire e sulla soglia si affaccia un mito o meglio «il Mito»!

Mai avrei creduto di riuscire a intervistare un personaggio tanto famoso! Con la sua andatura dondolante e impettita al tempo stesso entra, e fa un piccolo cenno della testa per porgermi il suo saluto.

A.H.: «Good morning Mrs.!»
Io: «Buongiorno Maestro!»

Non credo ai miei occhi, ha accettato il mio invito! Di fronte a me, seduto sul comodo divano, mi guarda con due occhi penetranti e canzonatori.

A.H.: «Bene Mrs., eccomi qua. Sinceramente, non so cosa l'abbia spinta a chiedermi un'intervista! Non mi pare di aver nulla di interessante da sottoporre a lei e ai suoi lettori!»
Io: «Oh no, Maestro. Su questo sbaglia di certo! Lei è proprio la persona adatta, le assicuro!»

A.H.: «E che cosa glielo fa pensare, se è lecito?»

Io: «Vede, lei ha grande esperienza di vita. Le sue realizzazioni hanno insegnato a tutto il mondo il comportamento dell'uomo, della società e la morale. Lei è un esperto di esistenze!»

A.H.: «Lei trova?»

Io: «Direi di sì. Se lei acconsente, vorrei porle solo un paio di domande, per consentire ai miei lettori di avere a disposizione una traccia da seguire… lei mi comprende!»

A.H.: «Sì, in quanto a tracce io… be', devo ammettere che sono la mia specialità! Allora mi dica… possiamo cominciare.»

Io: «Mr. Hitchcock, lei è stato il più grande esperto nel rappresentare sullo schermo la paura e il terrore in questi ultimi cinquant'anni.»

A.H.: «Sì, uno strano primato! Pare che paura, terrore, follia siano argomenti ricorrenti anche nei suoi tempi, dico bene?»

Io: «In effetti, come darle contro? È sufficiente assistere a un notiziario per averne la conferma! Ma vorrei chiederle, come spiega il successo dei suoi film? Perché, secondo lei, l'uomo è attratto dalla paura, dalle scene di terrore, che cosa lo affascina in tutto questo?»

A.H.: «Vede, l'uomo, di per sé, è consapevole di possedere in embrione, all'interno della propria psiche, tutte le emozioni terrificanti e scomode che io ho portato sullo schermo. Assistere alla rappresentazione di questi drammi, in un certo qual modo, permette loro di esorcizzare proprio gli stessi sentimenti che prova, come se trovasse sollievo nel vederli proiettati al di fuori di sé!»

Io: «Capisco. E mi dica, sempre a suo parere, quali sono le cause di tanta paura, angoscia e aggressività e perché si manifestano con tanta violenza?»

A.H.: «Spesso, girando le scene di molti dei miei film, ho dovuto attraversare il vissuto di persone con problemi di questo genere. Ho sempre preso spunto dalla realtà. La storia della criminologia e le statistiche degli studi medici, in fatto di patologie, più in generale, hanno le loro basi sulle manifestazioni estreme di paura, rabbia e angoscia. Le cause a parer mio, di questo doloroso stato emotivo, nascono da lontano. Un essere umano appena nato, è già candidato ad assumere regole, condizionamenti, forzature e ogni tipo di controllo, dalla società in cui vive, di cui i propri genitori o educatori, ne sono i rappresentanti.»

Io: «Condivido la sua opinione. Secondo la sua lungimirante osservazione dell'animo umano, che possibilità ha l'uomo di migliorare la qualità della sua vita, delle sue relazioni, di liberarsi dalla paura? Che futuro ci attende?»

A.H.: «Le rispondo con una delle frasi più significative di un grande scienziato, Galileo Galilei. "Dietro ogni problema, c'è un'opportunità!" L'uomo dovrà accettare il proprio inconscio, dovrà esserne amico. Non è combattendo contro noi stessi e le nostre angosce, che risolveremo i conflitti del singolo e del mondo intero. C'è molto lavoro da fare!»

Io: «I suoi commenti, Maestro, sono come sempre illuminanti, ne faremo tesoro!»

A.H.: «Ma si figuri, per così poco. Sorry, devo lasciarla… ho un omicidio che attende il suo regista. Ops, perdoni il mio estro creativo, esce sempre nel momento sbagliato!»

Bene, cari lettori, fin qui è evidente, abbiamo scherzato e dissacrato garbatamente un argomento tanto importante quanto difficile da trattare. Nei capitoli che seguono, cercheremo di dare una connotazione chiara ed esauriente all'argomento che desideriamo approfondire. Come sempre, se una cosa è conosciuta diventa accessibile, ma se è lasciata nell'ombra, spaventa come uno spettro oscuro.

Le basi psicofisiologiche della paura

Una breve ma importante premessa è d'obbligo. Questo testo è stato realizzato per dare al lettore, una visione il più possibile completa del vasto ambito che interessa cultura, psicologia e crescita umana. In nessun caso, i contenuti di questo ebook possono sostituire diagnosi e cure mediche. L'intento è unicamente quello di sensibilizzare il lettore alle meccaniche mentali ed emotive, responsabili di molti stati di disagio.

Faremo quindi una sintesi delle informazioni di base, in modo che sia possibile, per chi legge, avere degli strumenti di verifica sulla propria realtà e possa, di conseguenza, utilizzare a proprio beneficio, le nozioni e i concetti esposti.

Abbiamo accennato nell'introduzione al "fattore P". Ma di cosa si tratta? Il "fattore P", ovvero "paradigma", è un modello olistico (dal greco *holon* che significa "tutto") di essere umano. Secondo questo modello, la salute dell'individuo non si limita all'assenza di "malattia", ma va ben oltre. La salute di una persona si esprime come unità ed equilibrio delle tre componenti fondamentali dell'uomo: Corpo, Mente e Spirito. Il concetto di benessere globale dell'uomo, quindi, può essere espresso dallo sviluppo e dal miglioramento psicofisico.

Il quadro della società moderna che abbiamo davanti ci mostra livelli di stress elevatissimi, alimenti manipolati, sofisticati, inquinamento, aggressività ed esasperazione. In questo contesto, occorre necessariamente attivarsi per creare più consapevolezza del modo di nutrirsi, di curarsi, di vivere. Oltre a questo, sarà necessario avviare anche una sostanziale revisione della qualità di vita, del modo in cui lavoriamo e di come creiamo le nostre relazioni. Scopo del "fattore P" allora è quello di aiutarci a prenderci cura di noi stessi, partendo dall'alimentazione fino a imparare a convertire emozioni e pensieri negativi in opportunità positive, scopo appunto, di questo testo.

Identificare i motivi profondi delle nostre azioni ci aiuta a correggere atteggiamenti e abitudini sbagliate, per evolverci al meglio come esseri umani. Tutto quanto parte dal corpo. Il nostro organismo ci invia continuamente segnali di ogni tipo. Dal piacere al dolore, due facce della stessa medaglia e tutte le espressioni intermedie, di cui parleremo più avanti e che rivestono molta importanza. Il dolore, ad esempio, può equivalere a "malessere", sia che provenga dall'esterno, sia che giunga dal nostro inconscio.

Alla luce di quanto fin qui detto, riguardo al nuovo paradigma che sta rafforzandosi, sempre di più la medicina ufficiale che cura esclusivamente il corpo si sta gradualmente trasformando (e ci auguriamo in modo totale) in psicosomatica che considera cioè anche la mente che opera "dietro" la malattia o disagio psicologico.

Ma che cosa collega la mente al corpo? Come può questa provocare disagio, dolore e malattia al fisico? Secondo la psicosomatica, esistono dei livelli o stati di informazione energetica che "connettono" la mente al corpo, facendo da trasmettitori alle emozioni. Studiando questi livelli o stati, l'individuo diventa consapevole della propria condizione, della propria coscienza e delle proprie energie interiori. Andando ad agire su questo punto intermedio, è possibile riequilibrare le condizioni emotive instabili.

Vedremo in che modo, tutto questo entra in risonanza con una delle emozioni più temute e diffuse ai giorni nostri: la paura.

Sostanzialmente, ciò che definiamo paura è un complesso agglomerato di emozioni, di informazioni e reazioni psicologiche che si trasformano e, in modo incontrollato, diventano prima chimiche e poi corporee. Assisteremo così all'inizio di un attacco di panico con un pensiero ossessivo, che scatena l'emozione violenta e a questa farà poi seguito, in modo più o meno marcato, il disagio fisico (sudorazione, tachicardia, svenimento, senso di costrizione e altro). Di fondamentale importanza è la presa di coscienza della propria totalità psicologica, emozionale, istintiva e somatica, per liberarsi dalle cause reali che hanno condotto alla paura. In seguito così, la persona potrà arrivare a trasformare anche i condizionamenti di tipo sociale, culturale e gli impedimenti energeticamente negativi di cui è stata vittima.

SEGRETO n. 1: l'ansia è un'enorme opportunità per crescere, ci costringe infatti a interpretare le nostre reazioni psicologiche.

Accennavamo, poco sopra, a come la mente può influenzare la coscienza e addirittura il corpo. Nel nostro cervello è presente un regolatore delle funzioni vegetative che è chiamato ipotalamo e, al suo interno, nel diencefalo, si trova il talamo, che ha la funzione di sincronizzare tutti gli organi e di convogliare le sensazioni attraverso i ricettori. Potremmo definire il talamo come il "nucleo della coscienza".

Abbiamo cognizione di questo ogni volta che osserviamo, ad esempio, un bel fiore, un panorama mozzafiato, il sorriso della persona che amiamo. I nostri recettori psichici rimanderanno al talamo, all'ipotalamo e al sistema nervoso centrale delle immagini serene, felici, sensazioni positive, quindi registreremo serenità, appagamento, e il nostro corpo sarà perfettamente rilassato, pieno di energia e benessere.

Per contro, immaginiamoci di fronte a una situazione di emergenza, in prossimità di un pericolo, oppure in un contesto che ci procura stress; di rimando, il nostro sistema nervoso, darà incarico alle ghiandole preposte di rilasciare cortisolo, ovvero l'ormone che ci aiuta a reagire in una situazione di stress e il corpo sarà teso, pronto all'azione, in stato di allerta. In questa zona del cervello, quindi, noi siamo presenti a noi stessi. I processi logici che prendono vita nel talamo-ipotalamo e nell'ipofisi, altra ghiandola importante responsabile della produzione degli ormoni, ci forniscono gli strumenti per fare "esperienza di noi stessi".

Molto spesso però accade che la nostra evoluzione psicofisica non sia in grado di decifrare e integrare questo tipo di consapevolezza. Di conseguenza, in un particolare momento o in una situazione difficile, non riceviamo chiarezza ma, al contrario sperimentiamo un blocco. Notate che non ho utilizzato il termine "subire", bensì "sperimentare", per sottolineare l'importanza di questo passaggio nella nostra crescita personale.

Potrà capitare quindi che, in un contesto di relazione, lavorativo o di scelta, la nostra autonomia emotiva venga meno, facendoci così attanagliare dalla paura. Paura di esporre un bisogno, un desiderio, una necessità, un diritto. Ma non solo, potremmo scoprirci bloccati nell'esprimere amore, apprezzamento, gioia, un nostro talento, la nostra autonomia, la nostra libertà. Questi stop forzati sono vissuti in maniera pesante.

Li percepiamo come angoscia, senso di inadeguatezza, complesso di inferiorità, assenza di fiducia, senso di colpa. A lungo andare, dopo anni e anni di stratificazione di queste emozioni, il tipo di energia accumulato è responsabile di veri e propri cortocircuiti nel corpo fisico. Questo è evidente nella manifestazione dei blocchi psicosomatici. Possiamo infatti affermare che, quando ci troviamo in presenza di un blocco somatico (e cioè relativo al corpo, dal greco *soma*), potremo sicuramente riscontrare un'alterazione simile anche nel comparto mentale corrispondente.

È per questo che ogni blocco, in qualunque settore si presenti, presto o tardi, si manifesterà in un organo specifico e interesserà poi tutto il fisico della persona che ne è colpita, con tensioni, dolori e addirittura una possibile trasformazione della parte del corpo in questione. È il caso dei blocchi di schiena cronici, i quali spesso sono il risultato della paura di assumersi la responsabilità della propria vita, oppure di chi avverte su di sé "troppa" responsabilità e si sente, in definitiva, "schiacciato" e ha paura di muoversi, di reagire.

È il caso ancora di chi ha disfunzioni ormonali, legate, ad esempio alla tiroide o ad altre ghiandole importanti, come nel caso della dismenorrea (l'assenza del ciclo mestruale), causata a volte, da eventi traumatici o credenze negative, connesse a passate esperienze sessuali o affettive. In questo caso abbiamo una risposta corporea.

Nei blocchi emotivi, invece, parliamo di trauma emozionale e un esempio può essere un episodio relativo a un incidente d'auto, un'aggressione, uno shock non elaborato e manifestato attraverso il pianto, il racconto o lo sfogo. La struttura di questo ebook è orientata, come specificato nell'introduzione, a segnalare al lettore la correlazione tra i disturbi somatici e il disagio psicofisico che sta a monte del disturbo.

SEGRETO n. 2: l'ansia è un autosegnale che l'io mette in atto per autoinformarsi di un problema.

Possiamo affermare che i blocchi emotivi sono, nella maggior parte dei casi, il risultato di condizionamenti che abbiamo ricevuto in forma negativa. Da millenni l'uomo è condizionato da una cultura che si basa sull'aggressività, sul potere, sul patriarcato e sulla separazione. La nostra struttura psicofisica ne è intrisa. Il sistema educativo e la legge stessa, sono fondati sulla paura, sul giudizio, il senso di colpa e la punizione: è inevitabile che il nostro bagaglio personale sia vincolato da queste affermazioni. Già in natura assistiamo a una diversificazione significativa.

Vi sono, nella scala evolutiva, degli animali che, appena nati, non hanno bisogno di particolari conoscenze per affacciarsi alla vita e crescere. Ma, appena saliamo nella scala evolutiva, vedremo a esempio che, nel lupo e nel leone, come in altre specie di mammiferi, il piccolo appena nato, ha bisogno di essere accudito dalla propria madre e impiega un certo tempo per imparare dai genitori le azioni più utili e i sistemi per garantirsi la sopravvivenza. Più una struttura vivente è grande e più numerose saranno le informazioni necessarie a definirla.

Quando il bambino viene alla luce, si trova in una situazione analoga, con la differenza che la sua mente, in particolare con l'attività cerebrale cosciente, che lo differenzia dagli altri animali, è praticamente perfetta, inalterata. Di conseguenza, il neonato necessita di un periodo di diversi anni in cui i genitori, o coloro che lo educano, dovranno impegnarsi per garantire al piccolo, sostegno e attenzioni. In questo lasso di tempo, il bambino recepisce ogni tipo di informazione su comportamento, emozioni e intelletto che riceve, ovviamente, dai genitori o da chi si prende cura di lui.

Per quanto riguarda l'aspetto biologico, questo approccio rientra nei canoni della norma. Quella che invece dovrà essere esaminata è la qualità delle informazioni che il bambino riceve, in quanto egli sarà un adulto di domani. Il "fattore P" sottolinea che, fino a ora, gli input, le informazioni e le regole di comportamento che l'uomo ha accettato e reiterato nel tempo, non facilitano il raggiungimento della sua completezza, il suo sviluppo pieno e appagante e la sua evoluzione di persona cosciente e coerente con i propri bisogni, in modo armonico.

È indubbio che l'educazione di un figlio sia materia complessa, ed è innegabile che i genitori stessi o gli educatori che hanno questa funzione siano, a loro volta, cresciuti con le medesime sovrastrutture mentali. La condizione in cui si trova tutta l'umanità, la separazione e la frammentazione, dimostrano che quello che è stato insegnato fino a ora in fatto di etica sociale, rapporti, credenze è inadeguato. Per secoli le varie culture hanno accettato e insegnato ai propri figli, delle norme basate su principi non assodati e contro ogni ragionevolezza .Ciò è evidente per quanto riguarda il concetto di unità, per il verificarsi delle divisioni razziali, politiche e culturali che, incrementate dallo stile di vita non equilibrato, manifestano poi sul piano sociale le alterazioni psicologiche dell'uomo.

Così egli separa la mente dal corpo, non valuta la sessualità nel modo giusto, sostiene maggiormente la parte razionale e materiale piuttosto che quella istintiva e creativa e si preclude così la libertà di esprimere le emozioni. La conseguenza di questa reiterazione dei codici di educazione, dà come risultato esseri umani che non riescono a manifestare nella propria vita quello che sentono di essere in modo completo. La persona è separata da se stessa, dal proprio corpo, non comprende il proprio stato emotivo di angoscia, depressione e paura.

SEGRETO n. 3: le emozioni sono segnali che l'io produce perché possiamo predisporci al miglioramento.

Molti scienziati hanno studiato il comportamento animale in un contesto di paura o di pericolo. Dalle analisi che hanno effettuato, sono emerse tre tipi di reazioni classiche che vengono ripetute costantemente. Parliamo di:

- attacco;
- fuga;
- freezing.

È stato possibile osservare che un animale, in presenza di una situazione di pericolo, adotta quasi sempre, questi tre atteggiamenti. Il primo, l'attacco, è la reazione a una minaccia e dipende ovviamente dalle circostanze in cui l'animale si trova, se cioè è la preda ed è impossibilitato alla fuga, oppure se è il predatore e ha deciso di attaccare. Quindi aggredisce.

Il secondo atteggiamento è la fuga. L'animale si allontana dalla situazione di pericolo, evitando la minaccia, perché ha avuto la possibilità di effettuare la scelta. Il terzo e ultimo atteggiamento è il freezing, ovvero "congelamento". L'animale, in caso di aggressione, si finge morto, irrigidisce le membra nella speranza che l'aggressore lo abbandoni, pensando di averlo ucciso, per poi fuggire al momento propizio.

Abbiamo accennato a queste meccaniche del mondo animale, perché vi sono molte similitudini con il comportamento umano in un contesto di paura. In numerose situazioni, e la cronaca lo dimostra, la persona che viene aggredita, se non ha altra scelta, spesso si scaglia contro l'aggressore, reagendo alla minaccia. In altri casi, il soggetto si dà alla fuga, perché ne ha avuto la possibilità, è riuscito a evitare l'attacco.

Ultimo ma non meno importante è il congelamento. Si sono verificati tanti casi di persone che, dopo essere state aggredite, si sono finte morte in presenza del proprio aggressore e sono riuscite a salvarsi in questo modo. Vediamo quindi come vi sia collegamento tra questi tre atteggiamenti e l'approccio alla paura.

La scelta del comportamento dipende chiaramente dalle circostanze, ma sarà determinante anche la psicologia della persona che ne è protagonista. La riprova di questa affermazione è la sempre maggiore attenzione che si sta ponendo ai casi di stalking, di delitti dettati da disagio familiare, problematiche sul lavoro/scuola e simili. Queste circostanze riconducono, nella maggior parte dei casi, a esplosioni d'ira, rabbia, compresse e scatenate quasi sempre dalla paura di essere abbandonati, licenziati, dalla presunta perdita del sostentamento o degli affetti. Vediamo quindi come, ancora una volta, la paura, se portata alle estreme conseguenze, sia un motivo di forte disagio per l'essere umano.

Senza addentrarci ulteriormente nell'analisi psicologica di questi approcci alla paura, ci limiteremo a sottolineare che nell'uomo, molto spesso, possiamo osservare l'inibizione all'azione e cioè il freezing, direttamente collegato a quel fenomeno che gli psicologi chiamano "rimozione". In occasione di un trauma, infatti, il soggetto "rimuove" l'evento in cui non è riuscito a esprimere la sua parte attiva di reazione. Esiste in pratica un rifiuto del ricordo di non essere riuscito a ribellarsi.

Per comprendere come questi meccanismi siano potenti, ci basta fare riferimento ad alcuni esperimenti effettuati su di essi da scienziati e ricercatori. Dopo accurati studi, alcuni studiosi già negli anni '70, hanno potuto dimostrare che esistono delle malattie psicosomatiche che derivano dalla inibizione all'azione. Inoltre, sempre secondo i loro dati, hanno scoperto che, in persone che soffrono di inibizione cronica della normale azione reattiva, l'ansia e l'angoscia nascono da un eccesso di cortisolo e noradrenalina, gli ormoni dello stress. Il soggetto cioè rimane bloccato dall'emozione che scatena un evento traumatico, la paura diventa cronica e le emozioni trasmettono al sistema nervoso centrale queste informazioni, scatenando la produzione di questi ormoni dello stress in modo continuo.

I medici hanno potuto constatare che il ripetersi di questi stati emotivi nel tempo ha prodotto nei soggetti osservati insufficienza immunitaria (con conseguente insorgere anche di tumori), malattie autoimmunitarie (il fisico che lotta contro se stesso), artrosi, ipertensione cardiaca, gastriti, disturbi del sonno, infiammazioni, stanchezza.

Quindi, uno stato alterato da emozioni negative, specie se

raggiungono la soglia del livello critico fino alla patologia, provoca un cambiamento nel nostro metabolismo. Allo stesso modo potremmo dire che, anche lo stress che viviamo oggi, contribuisce a rafforzare questo disagio. Lo stress non può essere definito totalmente negativo. Se ben gestito e mantenuto nei livelli accettabili della norma, può avere un benefico effetto propositivo. Come sempre l'eccesso, un progressivo innalzamento del livello di tensione, uniti a una scarsa attenzione ai segnali del corpo, consentono a questa cattiva abitudine di mettere radici e di degenerare fino a divenire cronica. Ora, è stato anche appurato che l'organismo tende a cercare di riguadagnare la propria salute, a ripristinare cioè le normali condizioni psicofisiche.

Nei casi più blandi di segnale con un livello di stress medio, classificabile come transitorio, magari di un momento particolare della propria esistenza, si sono rivelati utili alcuni semplici accorgimenti. Si è visto che, in casi simili, introdurre una dieta appropriata, esercizio fisico e tecniche di rilassamento, nella quotidianità di una persona con questo piccolo disagio, è pressoché sufficiente a ostacolare l'avanzamento dello stress, riportando nella norma i valori di squilibrio.

Nei casi in cui si sia purtroppo varcata la soglia critica della condizione cronica e quindi già patologica, occorrerà fare riferimento al sostegno psicologico di un terapeuta che accompagni la persona nel recupero totale del proprio benessere.

Abbiamo già visto il ruolo degli ormoni in questi meccanismi psicologici. In particolare il già citato cortisolo, anche detto ormone della crescita, ha più volte confermato la sua caratteristica di incidere sul sistema immunitario. La reazione di stress, pertanto, è legata a una flessione del sistema immunitario, che deriva da variazioni significative di alcuni degli ormoni più importanti. Tutto questo comincerà a influenzare il sistema nervoso ed endocrino, fino a interessare l'intero organismo, portando il rischio di problematiche e complicazioni sia organiche che psichiche.

Ad esempio, è stato riscontrato che, in soggetti colpiti dalla perdita di una persona cara, oppure privati della propria identità personale, del proprio ruolo, del proprio potere decisionale, come accade in casi di pensionamento, di fallimento, di procedimenti giudiziari o di condanne, questi presentano atteggiamenti di disperazione, mancanza di speranza, impossibilità o incapacità di agire. O meglio, se ciò che viene vissuto nell'impotenza, nel senso di ingiustizia subita, non prevede di individuare vie di uscita reali o mentali, le conseguenze possono essere dolorose.

SEGRETO n. 4: la paura è un comportamento e come tale può essere modificato e trasformato completamente. Sciogliere la paura vuol dire conquistare sempre più libertà e quindi maggiore capacità di incidere sulla propria realtà.

I segnali che la nostra mente ci invia sono dettati da rimandi emotivi che si strutturano in base a quello che noi percepiamo. Se ci focalizziamo continuamente su situazioni ansiose, stressanti, la produzione in eccesso degli ormoni responsabili dei livelli di stress non sarà più governabile. Analizziamo ora il meccanismo della tensione psichica. Il nostro cervello produce onde cerebrali di quattro tipi che hanno diverse frequenze.

Onde beta (frequenza oltre i 14 Hertz)
È considerata la condizione vigile, quando la nostra attenzione è orientata all'esterno oppure totalmente al nostro interno, al

dialogo fitto della nostra mente. Questa attività genera il massimo spreco di energie nervose e psichiche e corrisponde alla fase REM, nella quale sogniamo. In questo caso, gli ormoni dello stress spingono il cervello alla massima attività e, a lungo andare, questo può deteriorarsi per eccesso di superlavoro.

Onde Alfa (frequenza 8-13 Hertz)

Corrispondono alla cadenza della realtà esterna. Riportano al rilassamento e al ridimensionamento dell'attività cerebrale. Nelle persone libere da stress, questa condizione si crea in maniera automatica, chiudendo gli occhi.

Onde Teta (frequenza circa 4-7 Hertz)

È lo stato di dormiveglia, fase in cui è agevolato il pensiero creativo, l'ascolto interiore, l'introspezione e anche le intuizioni. Inoltre, è il momento della rigenerazione psicofisica. Corrisponde alla trance raggiunta con l'ipnosi.

Onde Delta (frequenza inferiore a 3 Hertz)

Sonno profondo, assenza di sogno e rilassamento muscolare. In questa fase si verifica il rilascio di grandi quantità di ormone della crescita, fondamentale per il rinnovamento cellulare e l'ottimizzazione dell'attività del sistema immunitario. In presenza di alterazioni, il sonno è disturbato e il soggetto non si rigenera, arrivando poi a stanchezza cronica e disturbi psicosomatici.

Uno studio effettuato su diverse persone ha fatto emergere un dato interessante. Quando l'attività cerebrale è accelerata, la corteccia è in grado di rispondere a molti stimoli, seguendo contemporaneamente diverse operazioni mentali. Si pensava erroneamente che, rallentando il ritmo, si perdesse la capacità di seguire più stimoli insieme. Al contrario, si è visto che una riduzione del ritmo può addirittura favorire l'attività mentale, rendendola più selettiva e intensa.

I ritmi convulsi della società moderna stimolano il cervello a diventare sempre più attivo e a prolungare la sua attività nel tempo. In questo modo si farà sempre più fatica a rallentare le nostre fasi di attenzione-relax-sonno-azione. Questo ridurrà la capacità di rilassarsi, di avere un buon sonno e quindi di rigenerarsi, innescando la temuta sequenza: stress-insonnia-disturbi della memoria e della concentrazione-patologie. Inoltre, l'elevata attività cerebrale è in relazione all'eccessiva attenzione verso l'esterno a svantaggio dei bisogni del corpo. È come se ci proiettassimo "fuori dal corpo", diminuendo così la sensibilità al nostro proprio "Io". L'accumulo di tutta questa tensione si incrementa in modo autonomo e aumenterà il disagio fino a che non riusciremo a mettere in pratica una tecnica di rilassamento adeguata.

Oltre all'ipnosi, tutte le tecniche di rilassamento, yoga, meditazione, tecniche del respiro, training autogeno, tecniche di visualizzazione, attività fisica moderata e massaggio anti-stress, hanno l'importante pregio di ottenere un rallentamento dell'attività cerebrale, difficile da raggiungere, specie per chi è affetto da stress cronico.

SEGRETO n. 5: la meditazione, il rilassamento, l'attività fisica e le tecniche di visualizzazione aiutano il nostro sistema immunitario a rinforzarsi.

In questo ultimo secolo, gli studi della psicologia hanno chiaramente trascurato il fatto che *psiche* significa "anima", per occuparsi principalmente del comportamento esteriore di un individuo, piuttosto che della sua condizione interiore. In questo modo si sposta l'attenzione sulla manifestazione di un disagio, sulla esteriorizzazione di una "malattia" dell'anima, togliendo valore al segnale che proviene dal nostro interno, restando così insensibili e incapaci di coglierne il significato profondo.

Il rapporto con la paura è atavico nell'uomo. La sua vita ne è stata impregnata sin dai tempi del paleolitico, quando doveva lottare per sopravvivere. Nel tempo, questa sensazione, questa emozione, si è trasformata, seguendo i ritmi e i cicli dell'evoluzione dell'uomo. Ma non è mai scomparsa, piuttosto ha mantenuto la sua presenza in molti modi. Prendiamo, ad esempio, le favole. Chi non ricorda il lupo cattivo di Cappuccetto Rosso, l'orco o Mangiafuoco di Pinocchio? La favola ha sempre avuto il compito di insegnare la riflessione. A ben vedere però, le fiabe sottolineano un altro concetto ben più profondo. Insegnano cioè, a non evitare la paura, ad affrontare il mostro, il lupo, l'orco, anche con uno stratagemma (ricordate la leggenda di Ulisse e Polifemo).

Affrontare ciò che si teme, ciò che ci terrorizza, ci mette nella condizione di reazione, di accettazione dei nostri sentimenti e questo è fondamentale per non restare separati da noi stessi. Le storie, i racconti, i miti, stimolano la vita interiore, atto indispensabile dove vi siano traumi, blocchi e condizionamenti psicologici. Potremmo dire che dalle favole impariamo a immaginare, a scorgere vie d'uscita, che portano nel nostro territorio dell'essere, al nucleo della nostra coscienza.

Che cos'è la coscienza? Che cosa significa essere coscienti? Che cos'è il sé e dove si trova all'interno del corpo? Esiste un centro della coscienza? E ancora: «Chi sono io?» Un dato di fatto è che, dopo millenni in cui è stata rifiutata la probabilità che la coscienza esistesse, ora la scienza comincia a indagare su tutto quello che riguarda il cervello umano e la psiche, con ricerche sempre più approfondite. Senza dubbio, la coscienza è l'osservatore profondo, il tecnico dei dati che ci arrivano dall'esterno. Senza di lei noi non avremmo la consapevolezza di esistere. Tutto ciò che nasce dalla nostra mente, le percezioni, la sfera affettiva, il circuito della memoria e l'intuizione, non potrebbero esistere in assenza di un soggetto pensante che ne codifichi e comprenda il significato.

In ogni caso, l'errore più comune che viene fatto, è quello di dare per scontato l'esistenza della coscienza. Infatti, la coscienza di sé non è uno stato mentale, piuttosto si tratta di una esperienza concreta, una presenza a se stessi in cui si è consci in modo globale del corpo, delle emozioni e della mente.

Si usa definire questo stato come "centratura", in quanto la persona è centrata su se stessa, radicata nel proprio corpo e attenta ai suoi stati d'animo, con la mente sotto controllo. In questo stato la persona è allineata con se stessa senza sforzo alcuno e in assenza di tensioni. Per meglio comprendere questo concetto, proviamo a fare una semplice visualizzazione.

Immaginate di trovarvi su un treno, siete comodamente seduti su un vagone e state viaggiando per raggiungere la vostra meta. Mentre il treno scivola veloce sui binari, voi potete osservare dal finestrino il paesaggio che scorre e cambia di tanto in tanto. Il panorama è vario, colline, campi, il mare in lontananza. Che cosa notate? Vedrete che la linea che scorgete all'orizzonte, può presentarsi a distanze diverse e variare, dal momento che il confine sarà più alto o più basso a seconda se la terra sarà più alta o più bassa, spostando così la delimitazione del cielo. In prossimità di una montagna o di un rialzamento, la linea di demarcazione sarà più irregolare e più elevata. Di conseguenza, la prima cosa che potete notare è che, dove la terra viene meno, il cielo invade questo spazio, alzando così la sua linea di confine.

Che cosa ci vuole comunicare questo esempio? Ci siamo avvalsi dell'immaginazione per stimolare la parte creativa del cervello. La linea di confine immaginaria che vediamo durante il nostro viaggio in treno può essere paragonata al luogo in cui nasce la nostra consapevolezza, a quella parte cioè, in cui, dal nostro inconscio, si forma la coscienza di noi stessi.

La linea è variabile perché cambia il paesaggio. Anche la nostra percezione di noi stessi varia a seconda delle esperienze fatte, delle circostanze e del nostro intervento. Abbiamo visto che, dove la terra aumenta, il confine è più alto e il cielo si sposta più su, avendo meno spazio. Può accadere infatti che il suolo (la nostra parte emotiva legata alla quotidianità, alla materia) prenda più superficie, lasciando meno possibilità di crescita al lato intellettivo o spirituale (nel nostro esercizio, il cielo).

In questo modo la percezione di noi stessi, viene quanto meno distorta, perché si predilige un solo lato della personalità e cioè quello materiale, contingente. Ovviamente, anche azzerare completamente la materia (immaginate un paesaggio piatto, brullo, senza colline o montagne), darebbe troppo campo al lato spirituale, privando la persona dell'equilibrio che le giunge dall'ancorarsi alla materia. Quindi, da questo si deduce che il confine tra terra e cielo, cioè tra materia e spiritualità, è un confine variabile, prodotto dalle due componenti più importanti per l'essere umano: il mondo sensibile, cioè le percezioni, le sensazioni, e il vuoto, ossia lo spazio in cui può crescere il nostro lato emotivo, intellettivo e creativo.

Quale attinenza ha questo concetto con la consapevolezza, la coscienza di se stessi e la paura? In primo luogo, riconoscere l'importanza di un equilibrio emotivo che ci consenta di alimentare sia la parte materiale che la parte spirituale, intesa come espressione della nostra anima, è fondamentale.
Essere "centrati" significa avere la percezione del nostro corpo (materia, terra), del nostro posto nel mondo (linea dell'orizzonte) e del nostro sentire emotivo (cielo, sensazioni, emozioni, senso

del divino, fiducia), in modo completo, totale e appagante. Da questo tipo di percezione è possibile giungere a una corretta "coscienza di se stessi". La conseguenza di questa condizione è la consapevolezza attenta, attiva e vigile, e quindi in questo stato non c'è posto per la paura che, lo ricordiamo, senza una causa reale, è un comportamento irrazionale.

SEGRETO n. 6: essere "centrati" significa avere la percezione del nostro posto nel mondo.

La manifestazione della "centratura" è paragonabile a una sorta di risveglio della coscienza. Nel momento in cui una persona vive il processo di consapevolezza, quell'attimo in cui tutto è chiaro, perfetto e universale, si assiste a un fenomeno di sincronizzazione della percezione. Si verifica cioè la riorganizzazione del pensiero che ha come risultato la centralizzazione della coscienza globale di sé. Possiamo comprendere meglio questo concetto, osservando e studiando alcune delle migliaia di funzioni che possiede il nostro cervello.

La simmetria del cervello è definita con emisfero destro ed

emisfero sinistro. L'emisfero sinistro è legato al linguaggio, alla logica, alla razionalità, all'analisi. L'emisfero destro è preposto all'intuizione, alla percezione globale di un problema, alla comprensione analogica, simbolica. Ricordiamo anche che, dal momento che le fibre nervose si intersecano, l'emisfero destro governa la parte sinistra del corpo e viceversa.

I due emisferi corrispondono alle polarità maschile/femminile della psiche, cioè della mente razionale-logica-analitica, che si esprime nelle scienze esatte e nella tecnologia, e della mente intuitiva, analogica ed estetica che si manifesta nell'arte e nelle emozioni. Sono due approcci alla realtà diversi ma complementari.

Seguendo sempre gli studi effettuati da scienziati specializzati in questo settore, si è scoperto che esiste una importante differenza rilevata tra i due emisferi che concerne il loro stato di coscienza. L'emisfero razionale (sinistro) ha coscienza delle informazioni che elabora, mentre l'emisfero intuitivo (destro), pur svolgendo la stessa quantità di operazioni con identica precisione, è completamente inconscio.

Nonostante siano state sottolineate queste differenze, il nostro cervello deve essere ritenuto un organo unitario, un tutto che ha al suo interno componenti che interagiscono, si fondono, si alternano nelle funzioni e si compensano. Esse si comportano né più né meno come le energie maschili e femminili, dalla cui interazione e diversità di valenza, hanno origine le nostre qualità e particolarità che già riconosciamo in noi, oltre a quelle nuove che si affacciano alla coscienza.

In base alle tesi di alcuni scienziati, il sé, cioè la coscienza propria di un essere umano, che condiziona profondamente il suo comportamento ed è responsabile di molte delle sue malattie psicosomatiche, sarebbe fortemente legato alle emozioni e al loro centro di smistamento che ha sede nel sistema limbico. Il sistema limbico quindi, cioè il cervello cosiddetto "emozionale", secondo queste scoperte, diventa il vero centro di ogni attività nervosa e sarà responsabile delle manifestazioni fisiologiche e mentali.

Pertanto le emozioni principali (paura, piacere, ira, gioia) che definiscono ogni sfumatura della nostra vita, transitano continuamente in questa zona del cervello, già a partire dalla nostra infanzia, divenendo le principali cause del modo in cui cresceremo e svilupperemo la nostra personalità. L'intensità della loro vibrazione determinerà il grado della nostra risposta emotiva.

SEGRETO n. 7: le esperienze sono memorizzate secondo toni emozionali e definiscono le sfumature della nostra vita.

Elaborazioni effettuate in relazione a questa teoria hanno evidenziato che il bagaglio delle informazioni relativo alle esperienze sarebbe incamerato dal cervello, sotto forma di onde neuro-elettriche, di cui le varie sequenze potrebbero essere ricondotte alle corrispondenti sfumature delle emozioni.

Se, ad esempio, ritornate con il pensiero a una emozione che avete vissuto nel vostro passato, magari durante l'infanzia, noterete che la memoria vi fornirà, insieme al ricordo, anche particolari che coinvolgono sia le emozioni, che i colori, i profumi, le sensazioni molto forti. Gli psicologi sono soliti, in caso di trauma o ricordo negativo, far rivivere al paziente l'evento che gli causa disagio, nella sua totalità, invitando la persona a "ricordare" addirittura profumi o condizioni specifiche, al fine di rendere più valido e risolutivo il superamento dell'esperienza traumatica.

Le particolarità emotive, quindi, hanno la funzione di codice per tutte le esperienze che giacciono nella nostra memoria. Tutto quello che accade nel nostro corpo viene trasmesso al cervello, tramite complessi canali, e qui assume una forma globale, partendo dalle manifestazioni fisiche, fino ad arrivare a quelle emozionali e della psiche. Un'importanza rilevante, nel controllo di questi stati emotivi, è stata riscontrata nella respirazione. Ci riferiamo qui alla gestione consapevole del respiro, per riequilibrare gli stati ansiosi e tensivi della persona.

L'energia vitale, responsabile delle funzioni fisiche, psichiche ed emotive dell'individuo, è direttamente collegata al respiro. Sciogliere il respiro consente di eliminare le tensioni e agevola il contatto con il *prana*, ovvero l'energia che si trova alla radice del processo vitale: è così che possiamo ottenere benefici immediati sia a livello emotivo che a livello mentale.

Il concetto di respiro, di aria, da sempre è collegato alla vita. Tutti gli organismi vivono perché scambiano continuamente energia con l'esterno. Possiamo restare senza cibo per molto tempo, solo qualche giorno senza bere e pochi minuti senza respirare. Respirare quindi è la funzione fisiologica più importante, ed è la sola a essere sia coscia che inconscia.

Mentre è impossibile per noi modificare il battito cardiaco o gestire l'attività dello stomaco e dei reni, possiamo invece, se lo desideriamo, trasformare in modo volontario la respirazione, sia in ampiezza che in frequenza, e addirittura interrompere o accelerare il respiro.

Le emozioni e la psiche condizionano profondamente il respiro. Osservando il modo in cui respira una persona, infatti, siamo in grado di riconoscere immediatamente che tipo di emozioni sta vivendo. Per esempio, tutte le volte che un bambino ha paura, trasforma la sua respirazione, contraendo tutta la muscolatura che interessa il respiro, chiudendo le spalle e la parte superiore del torace, e avviene esattamente la stessa cosa per un adulto. È così che, da grandi, impariamo a rispondere agli stimoli negativi. Cominciamo da piccoli ad adottare questo comportamento. Inibire l'espressione libera e autonoma di una persona, della voce, di tutte le emozioni e le opinioni personali, può provocare la contrazione dei muscoli del collo e della gola. Inoltre, reprimere le funzioni fisiche, anche quelle basilari come correre, giocare, muoversi, causa un indebolimento progressivo della respirazione addominale.

Abbiamo molti esempi di blocchi energetici in merito alla respirazione. Spesso, la carenza affettiva può manifestarsi come un blocco della respirazione nella parte alta del torace, con tensioni allo sterno, dove il torace è impedito sia anteriormente che posteriormente. Un altro blocco significativo è quello causato dall'ira che interessa molto spesso la parte destra del diaframma e dei muscoli laterali del torace e della spalla, fino a provocare addirittura contrazione dei muscoli della masticazione. Le funzioni vitali ed emozionali che vengono inibite, conducono a un'alterazione del sistema muscolare e respiratorio.

È di fondamentale importanza comprendere che i blocchi energetici possono verificarsi a ogni età della vita e che il verificarsi di un blocco, anche se leggero, implica un indebolimento di tutta la zona fisica relativa e l'invio di precisi messaggi che daranno informazioni sulle conseguenze inerenti a questo disagio. Se il blocco non viene identificato e risolto, il fisico, indebolito e carente di ossigeno è soggetto ad ammalarsi.

Molti problemi respiratori come l'asma, le bronchiti, i raffreddori, le laringiti oltre ad altri disturbi come gastriti e coliti, sono originati da blocchi della respirazione e perciò possono essere certamente migliorati, se non addirittura prevenuti, con l'esame della tipologia di respirazione e il suo completo ripristino.

Possiamo senz'altro affermare che ogni tipo di variazione della coscienza si trasferisce sul respiro e ne va a modificare il ritmo. La respirazione è una funzione primaria, l'ossigeno, entrando nel corpo, consente la vita. Il neonato appena partorito, col respiro, inizia a vivere e, in questo modo, con questo suo primo attestato di esistenza, porta la sua individualità nel mondo. Abbiamo dedicato ampio spazio al tema della respirazione perché è di fondamentale importanza per quanto riguarda il nostro "fattore P".

È probabile che molti di noi abbiano vissuto per molto tempo con una serie di disagi grandi o piccoli, divenuti quasi una parte di sé:

ansia, affaticamento, incapacità di manifestare se stessi ed essere presenti nelle situazioni della nostra vita. Personalmente ritengo che, molto spesso, le persone si accontentino e uno dei motivi per cui lo fanno è che, nel caso decidessero di affrontare il disagio con l'aiuto della medicina tradizionale, avrebbero certamente delle difficoltà sia dal punto di vista di essere comprese, che per quanto riguarda l'approccio al problema, quasi sicuramente trattato con applicazioni farmacologiche che non risolverebbero a fondo il problema.

Penso che la medicina occidentale non contempli, o non voglia applicare, delle tecniche che si sono rivelate molto utili per risolvere numerose difficoltà collegate alla respirazione e in modo indiretto alla sfera psichica. Stiamo parlando della regressione con ipnosi, un metodo che, condotto sotto controllo di un terapeuta, può con buona probabilità far emergere e risolvere problematiche molto lontane nel tempo, riconducibili fin quasi alla nascita.

Tornando alla respirazione, potremmo accorgerci che molto spesso la parte fisica bloccata è molto vasta e addirittura più profonda. Può capitare che tutta la zona toracica sia chiusa e indolenzita. Qualche volta è l'addome che pare escluso dal resto del corpo, rifiutato, dimenticato, quasi messo in castigo, chiaramente punito. Vediamo questo molto frequentemente, specie nei casi di bulimia e anoressia e di molte altre vere e proprie patologie.

Senza addentrarci in campi specifici di sicuro molto impegnativi e delicati, possiamo senza dubbio affermare che, nei casi più semplici, invece, come per esempio stati ansiosi o disagi di vario tipo, è possibile arrivare a miglioramenti significativi, imparando a respirare nella parte o zona che sentiamo "morta" e ascoltando le sensazioni e le percezioni che ne scaturiscono.

Associando poi sensazioni ed emozioni, arriviamo spesso a frasi come: «Sento come un sasso che mi opprime», oppure «Sento un nodo che mi soffoca», e proseguendo possono emergere a volte ricordi, dolori, sofferenze psichiche, carenze d'affetto che sono rimaste nascoste per molto tempo nel profondo del nostro cuore e hanno provocato le ferite e il segnale del disagio sul nostro corpo. E così, l'addome, il cuore e la testa si sciolgono; compaiono le lacrime liberatorie, come se questi ricordi intrappolati in un blocco di ghiaccio fossero finalmente portati alla luce e lasciati scorrere via.

Proviamo ora un esercizio semplice che ci insegna a respirare in modo corretto e che può, già da solo, migliorare la qualità della nostra vita. Sdraiatevi in modo comodo, divaricando leggermente le gambe. Unite le vostre mani, ponendole una sull'altra appena sotto l'ombelico.

Cominciate a respirare in modo più profondo rispetto al vostro solito, senza sforzare e provando con ogni inspirazione a espandere l'addome facendo alzare sempre un po' di più le mani. Inizialmente potreste incontrare delle difficoltà, ma se dedicate a questo esercizio qualche minuto ogni giorno, praticandolo, ad esempio, prima di addormentarvi o appena svegli, noterete che in poco tempo anche la vostra respirazione ordinaria, comincerà a cambiare e voi vi sentirete più energici, più aperti e in armonia con voi stessi.

SEGRETO n. 8: agire sulle cause di disagio, di qualunque natura siano, porta a cambiarne l'effetto.

A questo punto, possiamo focalizzare la nostra attenzione su ciò che è emerso dall'esercizio. Una sensazione, un'immagine o qualunque altro input si sia manifestato. Imparare a respirare correttamente è il primo passo per "percepire" se stessi, per riorganizzare il proprio "senso di sé". Facendolo, comprendiamo la nostra unicità e possiamo così liberare la capacità di trasformazione già presente in noi.

Arriviamo a essere coscienti del momento in cui, in modo conscio o inconscio, abbiamo deciso di percepire noi stessi, gli altri e il mondo, comprendendo che l'origine del nostro disagio non risiede negli altri o nelle circostanze, ma si trova nel nostro "modo" di vedere gli altri e le circostanze. In più, riusciremo a essere consapevoli della trasformazione delle credenze negative che stanno alla base dei nostri disagi.

Per consentire a questo cambiamento l'efficacia e la durata nel tempo, occorrerà che questo si verifichi a tre livelli:

- nei nostri pensieri volontari;

- nei pensieri automatici e continui;

- nelle affermazioni di base.

Quindi, la pienezza del respiro equivale a maggiore percezione di se stessi, che a sua volte corrisponde a rimozione della paura e dello stress.

Nella nostra memoria si trovano dei ricordi che sono stati recepiti in modo negativo e di conseguenza ci hanno indotto a fare scelte non positive su noi stessi e sulla nostra realtà. Tali decisioni, siano esse consce o meno, hanno dato vita a una specie di corazza, che ormai è sedimentata, dal momento che le circostanze che l'avevano originata non sono più valide per noi. Noi siamo il risultato di un sistema di difesa che appartiene al passato e che ci ostacola nel vivere il presente.

Rifuggendo dal dolore, rifiutandolo, pensiamo di proteggerci dalla vita stessa e ci allontaniamo però anche da quello che di buono può arrivarci. Se riconsideriamo le scelte da un punto di vista positivo, metteremo a frutto la spinta vitale che liberiamo con la respirazione e di conseguenza anche nuove conclusioni che vanno a nostro vantaggio. Non faremo più ricorso al vittimismo e ritroveremo in noi apprezzamento per libertà e responsabilità. Con questo nuovo modo di vedere, potremmo rielaborare le difficoltà del passato e potremmo riconciliarci con loro, comprendendone ogni parte e ricavandone insegnamenti preziosi.

Riassumendo, abbiamo visto come, ristabilendo un ritmo respiratorio sano, regolare e pieno, si possa placare la tensione emotiva causata da ansia, depressione e attacchi di panico, fino ad averne un controllo pressoché totale. Per ottenere questo miglioramento, esiste una tecnica che è molto più di un metodo per respirare correttamente. Si tratta del Rebirthing.

Il Rebirthing è uno dei metodi di crescita personale più validi che esistano. La sua ottima riuscita è dovuta alla sua semplicità ed efficacia. Questa particolare tecnica consiste nell'imparare a respirare in modo profondo e dolce, circolare, senza inserire, cioè, pause tra inspirazione ed espirazione, mentre si è sdraiati e completamente rilassati, senza spingere l'aria fuori o forzare. La parola *rebirthing* significa "rinascita", cioè rinnovamento, un nuovo modo di interpretare noi stessi, il nostro sé interiore e un modo per poter rielaborare il vissuto psicofisico ed emozionale di tutta la nostra vita.

Proviamo a capire perché questa tecnica funziona. Il metodo respiratorio del Rebithing riattiva, nel cervello, ambientazioni simili a quelle che abbiamo vissuto nella placenta, nella fase della gestazione prima della nostra nascita. In quel periodo, la placenta di nostra madre ci garantiva il giusto e continuo apporto di ossigeno e l'eliminazione rapida e costante delle scorie e delle tossine attraverso, appunto, un ritmo circolare.

La respirazione effettuata in questo modo, riesce ad "aprire" i nostri canali percettivi subconsci, portandoli in modo cosciente a stati regressivi. Superando infatti il primo ostacolo della consapevolezza esterna, si verifica un naturale ritorno a stadi lontanissimi della nostra memoria.

Questo è causato dalla dinamica uditiva che abbiamo imparato nello stato prenatale, durante il quale abbiamo sperimentato i ritmi basilari della vita, collegati alla cadenza del respiro, ai battiti del cuore di nostra madre, suoni e stimoli sensoriali che ci hanno accompagnato per nove mesi e che hanno formato il primo imprinting importante della nostra vita. Tutte queste esperienze prenatali sono raccolte in un punto preciso del nostro inconscio, che si è formato e sviluppato in noi durante uno stadio precedente la condizione sia razionale che verbale, quando cioè, non eravamo ancora in grado di pensare o parlare.

Queste forme di coscienza, raramente emergono alla nostra consapevolezza. Per ripercorrere l'area prenatale, il fondamento della nostra vita, ci occorrono infatti strumenti diversi rispetto alle normali tecniche che possono essere utilizzate per scandagliare gli strati della nostra personalità. Il metodo del Rebirthing è l'unico in grado di superare gli ostacoli del nostro controllo razionale su tutta la nostra vita. Per riuscire a calarci nella condizione perfetta, primaria, di quando eravamo un feto, abbiamo bisogno dell'unico strumento che rappresenta in pieno la nostra forza vitale: il respiro.

Attraverso il Rebirthing, riproviamo emozioni e sensazioni che risalgono a quando vivevamo nel liquido amniotico, riprendiamo le forme neuro-fisiologiche forniteci da nostra madre. Si tratta di un input che ci è stato consegnato alla nostra nascita e che trova la sua espressione nella nostra particolarità psicosomatica.

Più volte troverete, in questo testo, la raccomandazione di praticare eventuali metodi qui riportati solo ed esclusivamente con l'aiuto di un professionista del settore. In nessun caso, specie nella respirazione profonda, è consigliabile muoversi da autodidatti, dal momento che eventuali inosservanze potrebbero causare disagi, seppure minimi.

Interpellate quindi il vostro medico, prima di ogni decisione in questo ambito. Come dicevamo, attraverso il controllo del respiro andiamo al di là, superiamo il limite imposto dalla mente e riusciamo ad acquisire "centratura" e sicurezza. Adottando con costanza la respirazione consapevole, possiamo eliminare condizionamenti e traumi inconsci e acquisire atteggiamenti diversi sia verso noi stessi che nelle relazioni, eliminando modi di fare autosabotanti. Affermare questa realtà non è certamente eccessivo. Studi clinici dimostrano queste affermazioni.

Nel silenzio, in compagnia del nostro respiro, riusciamo a capire quali sono i meccanismi mentali che ci portano dolore e sofferenza, che ci impediscono di vivere nel presente, apprezzando totalmente la vita e rivalutando il senso dell'esistenza e la spinta alla realizzazione di noi stessi, dei nostri sogni.

«Ogni cambiamento dei nostri stati mentali è riflesso nel respiro e poi nel corpo. Tale fenomeno funziona anche all'inverso: cambiando gli schemi di respirazione viene, allo stesso modo, alterato anche lo stato emotivo.» *Deepak Chopra*

Quelle che potete vedere qui di seguito elencate, sono le modificazioni del respiro, in funzione dello stato d'animo:

- sofferenza e dolore = respirazione frammentata e superficiale;
- paura e ansia = respirazione veloce, superficiale, irregolare;
- rabbia = inspirazione superficiale, espirazione forte e affannosa;
- senso di colpa = respirazione contratta, senso di soffocamento;
- gioia e soddisfazione = respirazione profonda, regolare e spontanea.

Respirare in modo lento e profondo può contribuire a diminuire l'ansia, fino a eliminarla del tutto. Accade questo perché il respiro è in grado di modificare gli stati emotivi. Cambiando consciamente il tipo di respirazione, si induce l'organismo ad adottare uno stato emotivo adeguato al modello del respiro assunto.

Se analizziamo alcuni modi di dire, relativi alla parola "aria", ci accorgiamo di quanto siano significativi. «Quella persona mi toglie l'aria», «In questo posto non si respira». Qui si evidenzia l'aria come espressione della difficoltà emozionale nel comunicare o in un rapporto.

Al contrario, ma sempre legato al respiro, quando si afferma «Quella persona mi ispira fiducia», oppure «Ho finalmente fatto un respiro di sollievo», si esprime la piacevolezza di una situazione.

Questo sollievo è dovuto a una forma di espirazione profonda, un completo rilascio di tutte le tensioni psicosomatiche trattenute durante l'inspirazione. Infatti l'inspirazione corrisponde alla tensione muscolare, l'espirazione al rilascio. Queste due fasi respiratorie hanno corrispondenza perfino negli stati psicosomatici più profondi. I due aspetti fondamentali dell'energia vitale si possono individuare nell'alternarsi dell'inspirazione (azione yang) e dell'espirazione (azione yin), le due energie attiva e passiva, che rappresentano tutta l'attività psichica ed emozionale.

La condizione di agitazione, tensione o preoccupazione psico-emotiva che colleghiamo alla paura, è dovuta al trattenere forzatamente il respiro in fase appunto di inspirazione. Al contrario, la soluzione di questo disagio e il rilassamento che ne consegue e che porta all'accettazione mentale, si esprime con l'espirazione. Una respirazione accelerata e superficiale, cioè che si manifesta nella parte alta del torace, è la manifestazione di una sensazione d'ansia. Rendere più profonda l'azione del respirare e rallentarne il ritmo è la tecnica più utile per abbassare il livello ansioso. Rieducare il respiro rende più elastica la gabbia toracica e migliora la funzionalità e l'efficienza dell'apparato respiratorio e del metabolismo del corpo.

SEGRETO n. 9: il respiro consapevole è la chiave segreta che ci apre la porta del nostro inconscio. Il respiro comunica informazioni utili a modificare il nostro stato d'animo.

Osservando il respiro di una persona si può individuare il suo modo di percepire e vivere il mondo. Studi e ricerche su questo argomento, hanno segnalato che, ad esempio, un timbro di voce acuto, associato a una respirazione alta sui polmoni e veloce, segnala la predisposizione della persona a utilizzare più spesso il canale visivo come approccio immediato alle situazioni. In altre parole, per interagire con l'esterno, utilizza come stimolo primario sensazioni ed emozioni che le immagini le rimandano.

Al contrario, un tono di voce calmo, moderato, il respiro lento, di addome, ci dice che la persona in questione, si rapporta col mondo esterno, attraverso gli stimoli che le rimandano emozioni, olfatto, gusto e tatto, quindi ha un approccio cinestesico alla realtà. Dunque, ascoltare il respiro è fondamentale per comprendere lo stato di salute delle nostre emozioni.

Lo stato respiratorio può essere una metafora mediante la quale esprimiamo la nostra personalità. Parallelamente, attraverso il respiro, evidenziamo i nostri blocchi emotivi, le nostre difficoltà e il nostro vissuto affettivo. Tutto questo nostro bagaglio poi, ha prodotto, nel corso degli anni, delle vere e proprie alterazioni del nostro ritmo respiratorio causate da "corazze" difensive, sia a livello energetico che muscolare, che le nostre paure hanno alzato intorno al nostro diaframma. La nostra respirazione racchiude tutta la storia personale della nostra vita e l'interpretazione che le abbiamo dato.

Facciamo qualche esempio: inspirare in modo corto e superficiale, evidenzia la difficoltà di prendere la vita "a pieni polmoni", a concedersi cose che appagano, gratificano. Significa vivere la vita più o meno a livello di sopravvivenza. Espirare in modo lungo e un po' forzato, significa manifestare una sorta di tendenza al controllo e il timore di lasciarsi andare completamente.

Dal modo in cui inspiriamo, possiamo comprendere di che natura sia la nostra volontà, come si manifesta la nostra azione, e si può capire in che misura siamo pronti a vivere la nostra vita o se siamo determinati a raggiungere i nostri obiettivi.

Nel momento in cui "inspiriamo", lasciamo il luogo sicuro della nostra realtà consueta, conosciuta, è come se dicessimo alla vita: «Io voglio». Invece, la funzione principale della nostra "espirazione" è l'abbandonarsi, il "lasciar andare", è come se avessimo incamerato tutto quello che era possibile accogliere e poi, per consentire all'energia vitale di fluire, lo facessimo uscire, oltrepassando, superando il nostro desiderio di controllo e possesso.

Non occorre fare nulla per espirare in modo corretto, dal momento che il diaframma è dilatato, i muscoli del respiro sono tesi e quando abbandoniamo la tensione, il respiro fluisce automaticamente all'esterno. Più riusciamo ad abbandonarci in questo frangente, tanto più sarà totale e piacevole lo svuotamento dei nostri polmoni.

Nel momento in cui "espiriamo", diciamo alla vita: «Io lascio, io mi abbandono». Il primo respiro che abbiamo fatto, quello all'atto della nostra nascita, è stata la prima affermazione del nostro diritto all'esistenza, alla nostra autonomia e indipendenza.

Durante la respirazione, facciamo l'esperienza completa dell'energia associata al respiro e anche alle emozioni rimaste represse dalla sua contrattura. Respirare in modo profondo vuol dire "sentire profondamente" ed è infatti nell'addome che noi "nascondiamo" le nostre emozioni "più viscerali". Respirare profondamente nell'addome muove sentimenti che avevamo compresso a lungo in quel punto.

Questo perché noi abbiamo imparato a bloccare in quel luogo, irrigidendolo, le emozioni che ci causavano dolore. In questo modo abbiamo creato uno schema e abbiamo cercato di eliminare paura, dolore e tristezza, bloccandole nella pancia; ne derivano coliti, gastriti, infiammazioni del colon, intestino stressato e molto altro.

Così il nostro corpo ha perso l'antica sapienza, dimenticando la sua funzione istintiva di recuperare il proprio benessere, cedendo al potere del controllo. Bloccare il respiro e contrarre i muscoli ci serve per trattenere le emozioni. Più reprimiamo le emozioni più la nostra sensibilità verrà ridotta e la percezione vitale sarà indebolita. Blocchiamo le emozioni perché le giudichiamo in modo negativo, ma non possiamo comprendere un'emozione se non la esprimiamo. Tratteniamo il respiro per trattenere le lacrime, mentre il pianto sarebbe utile per proteggere dall'effetto negativo del reprimere le emozioni.

Di conseguenza, per inibire il pianto, blocchiamo il respiro, chiudiamo la gola e contraiamo l'addome: in questo modo, non percepiamo la sofferenza. L'espressione "pianto liberatorio" rende bene l'idea del profondo sollievo che deriva dall'abbandono del controllo forzato delle emozioni. Se abbiamo paura di perdere il controllo delle nostre emozioni, è bene che riflettiamo sul fatto che siamo, in realtà, già controllati dalla paura! Respirando superiamo il timore di lasciarci andare, di abbandonarci alla nostra emotività.

SEGRETO n. 10: sperimentare le nostre emozioni aumenta la percezione di noi stessi.

REPILOGO DEL GIORNO 1:

- SEGRETO n. 1: l'ansia è un'enorme opportunità per crescere, ci costringe infatti a interpretare le nostre reazioni psicologiche.

- SEGRETO n. 2: l'ansia è un autosegnale che l'io mette in atto per autoinformarsi di un problema.

- SEGRETO n. 3: le emozioni sono segnali che l'io produce perché possiamo predisporci al miglioramento.

- SEGRETO n. 4: la paura è un comportamento e come tale può essere modificato e trasformato completamente. Sciogliere la paura vuol dire conquistare sempre più libertà e quindi maggiore capacità di incidere sulla propria realtà.

- SEGRETO n. 5: la meditazione, il rilassamento, l'attività fisica e le tecniche di visualizzazione aiutano il nostro sistema immunitario a rinforzarsi.

- SEGRETO n. 6: essere "centrati" significa avere la percezione del nostro posto nel mondo.

- SEGRETO n. 7: le esperienze sono memorizzate secondo toni emozionali e definiscono le sfumature della nostra vita.

- SEGRETO n. 8: agire sulle cause di disagio, di qualunque natura siano, porta a cambiarne l'effetto.

- SEGRETO n. 9: il respiro consapevole è la chiave segreta che ci apre la porta del nostro inconscio. Il respiro comunica informazioni utili a modificare il nostro stato d'animo.
- SEGRETO n. 10: sperimentare le nostre emozioni aumenta la percezione di noi stessi.

GIORNO 2:
Come interpretare i messaggi
del corpo e della psiche

Tutto quello che abbiamo appreso fino a questo momento delinea la cornice di un quadro ben preciso, in merito alla coscienza di noi stessi. Essere consapevoli della propria fisicità, del proprio campo emozionale, delle proprie zone d'ombra, contribuisce a darci la forza e il potere di gestire le nostre paure, la nostra ansia e perfino le nostre fobie. Questo quadro ci mostra altri dettagli, più profondi e importanti, che ci possono aiutare a capire ancora di più i complessi meccanismi della nostra psiche. Stiamo parlando dei livelli psicosomatici.

Per "livello psicosomatico" si intende una precisa area fisica che, attraverso informazioni specifiche (disagio o dolore), ci fornisce un quadro psicologico attinente alle necessità più diverse. In altri termini, il nostro corpo e la nostra psiche interagiscono. Questa interconnessione, spesso non equilibrata, se non addirittura distorta, è la causa dei nostri conflitti interni ed esterni. È la principale responsabile del nostro basso livello di autostima, della nostra aggressività, della nostra depressione, degli errori commessi nel relazionarci con le persone, della nostra paura di scegliere, di decidere. Come decifrare i codici e i simboli di questo quadro immaginario? Come possiamo imparare a comprendere il significato dei messaggi che riceviamo dal nostro corpo e dalla nostra mente? Nel momento in cui vi sono diverse variabili in gioco, spesso emerge un contrasto, a volte anche in modo automatico.

Quando una persona entra in contatto con se stessa profondamente, fino al punto di avvertire tutte le sue parti in conflitto, può riuscire a bilanciarle, se ha la possibilità di scorgere qual è la causa primaria che le determina. Quindi possiamo dire che l'energia è direttamente proporzionale alle informazioni che riceviamo sia a livello fisico che a livello psichico.

SEGRETO n. 11: i livelli psicosomatici ci informano delle nostre necessità.

Considereremo allora ogni tipo di energia come informazione, perciò tutto il nostro corpo è un'energia informata intelligente. Dietro ogni informazione deve esserci una coscienza che percepisce il senso del messaggio inviato dall'energia. È il subconscio che riceve il significato di ciò che proviamo, vediamo e sperimentiamo. "Sentire" vuol dire avere coscienza delle informazioni, sia di quelle che provengono dall'interno del corpo che di quelle che provengono dall'esterno.

La circolazione delle energie e delle informazioni

Dove circola energia c'è informazione. Se nel corpo le energie si fermano, anche le informazioni non riusciranno a giungere a destinazione. Se per esempio,prendiamo una persona e la isoliamo fisicamente per un anno intero, vedremo che già questa unica costrizione può determinare un arresto di informazioni a livello mentale. Per questo motivo,chi nella propria infanzia ha avuto un'educazione molto rigida ha subito un blocco delle informazioni e della consapevolezza molto forte, che impedisce una vera fluidità nei movimenti del corpo e una naturalezza di espressione.

Partendo dal corpo fisico e lavorando via via sui "corpi" più impalpabili, come le emozioni, la mente e la spiritualità, che sono parte integrante della natura umana, continueremo a riflettere sul concetto di circolazione delle energie e delle informazioni, ricordando che ogni blocco deriva da un'interruzione del normale flusso energetico informativo.

Se ogni volta che viviamo un conflitto riusciamo a risalire al punto originario che lo crea, là dove l'energia si è frammentata, saremo capaci di entrare in contatto con la nostra parte profonda e di ritrovare la matrice unitaria. Ogni attività dell'essere umano ne coinvolge la sua totalità, per questo motivo, se influenziamo il corpo fisico, riusciremo certamente a modificare sensazioni ed emozioni. Ogni parte del nostro essere contiene la totalità di noi stessi. Lo strumento di crescita più importante che possiamo utilizzare per questo scopo è quello della "consapevolezza".

Il tipo di consapevolezza di cui parliamo può essere definita "attenzione focalizzata", cioè una concentrazione mirata che passa dallo stadio detto contemplativo (l'osservazione della situazione) allo stato meditativo (il libero flusso delle informazioni risolutive). Quindi, se focalizziamo l'attenzione, diventiamo consapevoli di una precisa e reale condizione che ci riguarda a 360 gradi.

Nella nostra educazione è totalmente assente un principio di base, quello della autoconsapevolezza, dell'autoconoscenza. Non siamo stati abituati a pensare "interiormente" a noi stessi. Se chiudiamo gli occhi e proviamo a guardarci dentro, non scorgeremo nulla, all'inizio. Sentiremo solo un vago sentimento, generico, fatto di percezioni sensoriali, tatto, udito ecc. ma niente che ci aiuti a diventare coscienti del nostro mondo interiore.

Abbiamo imparato che ogni sensazione che abbiamo è in qualche modo fisica, materiale, ad esempio: «Mi fa male il piede perché ho un sasso nella scarpa», cioè mi arriva un'informazione, chiamata dolore, attraverso i nervi. Se al contrario diamo una connotazione di energia a tutta la materia che ci circonda, qualsiasi emozione o sensazione del nostro corpo diverrà energia intelligente e quindi informazione intelligente.

Con pazienza, attraverso l'utilizzo di alcune tecniche, come la respirazione e la visione interna, saremo in grado di avvicinarci al nostro essere più profondo e alle nostre energie.

Impareremo a percepire la consapevolezza dello stato interiore del nostro essere e delle nostre energie. Cominceremo a individuare le varie zone del corpo interessate dai blocchi energetici, impareremo a sentire l'energia di ogni livello somatico e, progredendo in questa analisi, svilupperemo la consapevolezza delle energie interne, che potrà darci la possibilità di guarire.

Se infatti noi siamo in grado di aumentare la nostra sensibilità con l'introspezione, al punto da riconoscere un blocco di energia prima che questo si manifesti, abbiamo anche la possibilità di fermare la malattia al suo insorgere, attuando un processo di prevenzione. Questo concetto possiamo applicarlo anche alle crisi di panico, all'ansia, alla paura che, in molti modi, si impadroniscono di noi.

Essere presenti a se stessi, essere coscienti del blocco o dell'inizio di una *escalation* emotiva incontrollata, ci riconsegna il potere di gestire stati d'animo critici. I concetti di dualità, conflitto, separazione, sono presenti da sempre nella nostra società e hanno creato un diffuso sentimento negativo, dal quale derivano una serie di ostacoli che si frappongono al fluire della nostra energia. Dovremo imparare quindi a lavorare sulla parte negativa di noi stessi.

Dobbiamo capire dove si trova, come agisce e come è nata questa zona d'ombra che ci abita. Dobbiamo riuscire a sciogliere il principio della paura che è radicato dentro di noi.

SEGRETO n. 12: essere presenti a noi stessi ci consente di individuare l'origine delle nostre paure.

Il primo livello psicosomatico

Il primo livello psicosomatico è la radice dell'albero neuropsichico dell'essere umano. È il centro del corpo fisico e della sua intelligenza innata. Secondo alcune medicine sacre con indirizzo esoterico, questo primo livello è la base del nostro legame con la terra. Situato nella zona del coccige, connesso con i reni e la colonna vertebrale, interessa tutta la zona posteriore delle gambe. Non è raro vedere che i blocchi di questo livello diventano poi blocchi delle articolazioni del bacino, delle gambe, delle ginocchia.

Questo primo livello è considerato la sede della paura, sentimento su cui è basato tutto il nostro attuale sistema educativo. I blocchi a livello psico-energetico di questo primo punto, dovuti alla paura, interessano i reni e le ghiandole surrenali. Le surrenali infatti producono molti ormoni tra cui adrenalina e noradrenalina, responsabili della gestione dello stress, della tensione, della paura stessa. La paura cosiddetta dei reni è quella della fuga (ricordate il capitolo precedente?), è la paura atavica di essere divorati, aggrediti, uccisi, il terrore primordiale del corpo fisico. Protrarre a lungo questa sensazione, mantenere lo stimolo negativo per molto tempo, ha come risultato quello che chiameremo "inibizione all'azione".

Alcuni scienziati hanno effettuato un esperimento con delle cavie (purtroppo!). Hanno chiuso un topo in una gabbia che conteneva due griglie, di cui una elettrizzata. Ogni volta che la griglia veniva elettrificata si accendeva una luce rossa e il topo saltava dall'altra parte per evitare il dolore. Successivamente, non era neppure necessario elettrificare la griglia perché il roditore, vedendo la luce rossa accendersi, era già saltato via! Infine gli scienziati provarono a elettrificare l'intero fondo della gabbia, producendo al povero topo un vero stress, tanto da farlo saltare senza sosta da una parte all'altra. A questo punto la cavia soffriva talmente tanto che si bloccava in un punto e non si muoveva più. Questa reazione si chiama "inibizione all'azione". Ecco allora l'importanza di comprendere il meccanismo di regolazione della paura.

L'inibizione all'azione si verifica ogni volta che qualcuno ci fa un torto, riceviamo un'aggressione sia fisica che verbale e non sappiamo come reagire. Ogni cosa che non ci diamo il permesso di fare o che non riusciamo a fare diventa una piccola inibizione. Alla base dell'inibizione all'azione c'è sempre la paura del dolore; il dolore poi, crea la "paura del dolore" e a questo punto per bloccarci sarà sufficiente la sola minaccia di provarlo.

L'origine di questo processo è quindi il dolore fisico: se torniamo ai ricordi d'infanzia, frasi come: «Guarda che ti picchio» ci facevano cedere alla minaccia e "facevamo i bravi". A un certo punto non sarà stato più necessario nemmeno pronunciare la frase: bastava infatti trovarsi di fronte a una figura autorevole e di colpo si verificava l'inibizione all'azione, derivata da un livello davvero profondo.

L'inibizione all'azione si trasforma, da adulti, in un meccanismo che diventa una specie di tabù, ovvero una sorta di convinzione per cui non possiamo fare una cosa perché è proibito, è vietato. Ma, nel momento in cui qualcuno infrange le regole cosiddette negative, scopre improvvisamente la libertà, quella di pensare liberamente.

Dell'importanza del pensiero libero, del suo immenso valore, ne abbiamo esempi storici: Giordano Bruno, Pitagora e altri, sono morti per la loro libertà di pensiero, perché avevano deciso di essere loro stessi. Provare questa sensazione ci fa acquisire l'importanza del nostro sentirci liberi. Se abbiamo paura di fare una cosa, quando riusciamo per la prima volta a superare il blocco, ci troviamo a vivere un momento molto delicato, difficile.

Per rompere e modificare la vecchia struttura che ci imprigionava, infatti, occorre molta energia. Fatto il primo passo, comunque, i timori si sciolgono più velocemente. Anche se a volte occorrono anni, in ogni caso avremo capito di poter disporre di un orizzonte più ampio.

Potremo così trovarci a dire a noi stessi: «Ce l'ho fatta, e se ce l'ho fatta una volta può accadere di nuovo!». Reintegrare l'ombra, lavorare sul negativo, è il lavoro iniziale, quello più importante. Secondo i valori della società in cui viviamo, noi siamo spinti a elaborare moltissimi concetti e giudizi sia di pregio che di demerito.

Molte persone vengono estromesse dalla società perché sono coerenti con il loro sentire puro, onesto e non attuano strategie e meccanismi manipolatori che vanno per la maggiore oggi. Ma, per quanto riguarda il nostro scopo, che è quello di ritrovare noi stessi, noi non dobbiamo certamente realizzare pregi o virtù che ci siano utili per essere accettati da questa parte della società.

Il nostro unico intento è quello di riappropriarci della nostra integrità individuale, con tutte le sue caratteristiche, per raggiungere un vero equilibrio. Chi di noi non ha mai provato delle sensazioni che lo hanno portato a dire: «Non sono all'altezza», «Non riuscirò mai a fare quella cosa» ecc.? Tutte queste affermazioni non sono "reali". Le persone che hanno punti deboli, fragilità nascoste da una corazza di protezione per il timore di soffrire troppo, sono proprio quelle più sensibili, quelle che hanno maggiori contenuti da condividere con gli altri.

Non importa quanto successo riusciate a ottenere con una tecnica di meditazione o altro, la cosa importante sarà comprendere che qualunque cosa stiate facendo, agite nella vostra totalità, con tutto il vostro essere, e che è perfetto così. Sarete certamente tentati, in qualche circostanza, di fare marcia indietro, per paura di soffrire guardando in faccia le vostre zone critiche, ma sappiate che così facendo non riuscirete a liberarvi dei disagi: questi si affievoliranno un poco, pronti però a ricomparire più forti. Con un piccolo sforzo di volontà, proseguendo nella trasformazione di voi stessi in meglio, vi state dando una grossa opportunità. Ricordatelo!

SEGRETO n. 13: l'inibizione all'azione può essere provocata dalla paura ma con un piccolo sforzo di volontà possiamo scegliere di vivere senza dolore.

Se nel nostro corpo c'è dolore, in quel punto si è verificato un blocco di energia. Importante è sapere che i blocchi possono essere rimossi a qualsiasi età perché non è né necessario né indispensabile convivere col dolore. Scegliere di vivere senza soffrire, è una decisione reale, possibile e consapevole.

Per prima cosa, possiamo imparare a portare l'attenzione alla zona in cui proviamo il dolore e prendere contatto con essa massaggiandola con energia cosciente di accettazione, sciogliendola. Come dicevamo, il primo livello psicosomatico interessa il bacino, le gambe, i piedi, la colonna vertebrale.

Cominciamo a porre attenzione ai disagi o fastidi di queste zone, tocchiamoli e trasmettiamo alla parte interessata la sensazione di serenità che le occorre per rilassarsi. Con questo accorgimento, inizieremo a far fluire l'energia che stagnava in quel punto e la rimetteremo in circolo. Aiutandoci con il respiro possiamo fare ancora un piccolo passo in avanti. Mentre massaggiamo la parte che sentiamo dolorante, proviamo ad associarle il respiro: in questo modo aumentiamo i benefici ottenuti. Quando una persona si trova in piena attività, nel suo quotidiano, è come anestetizzata rispetto al proprio corpo. Da qui l'importanza di ripristinare il contatto con la nostra "corporeità". A volte, il solo fatto di reagire al dolore, premendo la parte bloccata, riesce a interrompere la catena del subire (non sta bene, non si dice, non si fa, bisogna sopportare, ci vuole pazienza ecc.), rimettendo in moto l'energia ferma e facendola circolare nuovamente nell'organismo.

Si è visto che, in presenza di condizionamenti e repressioni, la prima zona a essere interessata dal blocco è quella relativa al primo livello psicosomatico. Tutta l'energia che circola in questi punti (coccige, gambe, reni) è considerata come l'espressione dell'aggressività, ed è per questo motivo che il lavoro sulla paura è connesso con questa emozione. Questo tipo di aggressività, che proviene dalla paura e quindi ha origine principalmente nei reni, si manifesta perché la persona, inibita per molto tempo, non reagisce o perlomeno lo fa in modo molto blando.

Analizziamo ora un comportamento abbastanza comune che riguarda il tema della sopportazione del dolore. I cosiddetti "bravi bambini": molto comprensivi verso i loro genitori, non possono fare altro che amarli in modo passivo, subendo.

Questi individui hanno un grosso bagaglio di sofferenza che non riescono a portare in superficie e che, di conseguenza, si ritorce contro di loro. In realtà, questa violenza verso se stessi non esisterebbe se riuscissimo a esternare i nostri sentimenti: ogni volta che ci troviamo in una situazione simile, infatti, stiamo evitando di prendercela con un qualcuno verso il quale dovremmo indirizzare la nostra rabbia. Si innesca quindi un meccanismo di autolesionismo e di poca chiarezza, dal momento che abbiamo paura di esprimere in modo diretto la nostra aggressività verso l'esterno (non si fa, non sta bene, non si dice, non è buona educazione).

Vi sono dei tipi di comportamento che hanno la loro validità, nel contesto delle relazioni, alcuni anche spiegabili e comprensibili, ma l'autogiudicarsi, l'autopunirsi sono falsi comportamenti, falsi pensieri («Io mi autopunisco perché non sono degno/a, non valgo, devo subire ogni cosa, non esisto»). Col termine "reagire" entriamo in un contesto critico riguardo a certe affermazioni. La nostra cultura infatti è fondata su principi religiosi e su un codice a dir poco millenario, che prevede regole del tipo: «Onora il padre e la madre».

L'aspetto positivo è che un comandamento di questo genere significa, e dà per scontato, che i genitori devono condurre una vita dignitosa, devono agire in modo tale che i figli portino loro rispetto. Se diciamo però a un bambino di onorare il padre e la madre a priori, vuol dire che questi genitori sono in qualche modo disonorevoli, significa che qualche aspetto del loro carattere è già detestabile e gli si dice di non odiarli. In realtà, l'effetto è esattamente contrario.

È chiaro che nessun bambino detesta i genitori in modo automatico, bensì reagisce a un eventuale comportamento violento e riprovevole. Ma il nostro codice ci dice che "non va bene reagire", ci impone la gerarchia del comandamento, che si trasferisce al padre di famiglia e poi su entrambi i genitori. Con questo rispetto perennemente dovuto, dobbiamo frenare le nostre reazioni primarie, ed entriamo così nel processo di inibizione all'azione narcotizzando una parte di noi.

Sia ben chiaro, con questo non si vuole indicare la coppia genitoriale come unico problema relativo ai blocchi e alle inibizioni. Si vuole sottolineare invece come il tipo di educazione assunto dalle nostre figure di riferimento, nel corso dei secoli, ha condotto a questi risultati.

Esaminando il primo livello psicosomatico, possiamo associare a esso la figura paterna. Quando dobbiamo far uscire la nostra rabbia, è la parte maschile che dobbiamo far emergere. Per questo motivo la figura alla quale dovremo fare riferimento sarà quella paterna, più che quella materna, a meno che la mamma non sia stata un vero e proprio "generale": in questo caso la figura di riferimento sarà lei. Il nostro rapporto con i genitori, il nostro legame col mondo, è il punto di partenza di ogni lavoro su noi stessi.

Osservare con fiducia e serenità il nostro rapporto con i genitori ci consente di individuare punti precisi di chiusura o di difficoltà, che possono essere sbloccati solo portandovi l'attenzione: diventare coscienti di qualcosa equivale a riportarla nella norma.

Torniamo ora al nostro corpo. Provate adesso un piccolo esercizio. Sedetevi comodi e "sentite" il vostro corpo. Sentite la base della colonna vertebrale, sentite le vostre gambe, verificate se esiste un disagio o un blocco in questa zona. Dove non percepite contatto si evidenzia una zona morta in cui non scorre energia. Il primo livello interessa, oltre alla colonna vertebrale, anche i punti limitrofi della zona alta, i muscoli della nuca, quelli delle prime vertebre cervicali, spesso contratti e doloranti.

Per sciogliere meglio queste contratture, possiamo, da seduti, tirare in avanti le gambe e allungare i piedi mettendoli nella classica posizione "a martello". Sentiremo tutti i nervi dietro le gambe che si tendono e questa tensione corre su, lungo la schiena, fino a scomparire quando rilasciamo la muscolatura e ci allunghiamo. Questo perché i canali energetici che abbiamo dietro la schiena nascono dalla testa, scendono posteriormente per sdoppiarsi poi ai lati della colonna vertebrale, riunendosi dietro il ginocchio e arrivando fino al piede.

Un primo livello teso equivale a un corpo fisico rigido, il che vuol dire che i nervi che gestiscono questo tipo di energia non riescono ad allentare la tensione. I disturbi fisici più comuni di un primo psicosomatico bloccato sono problematiche alle gambe, che portano a circolazione difficile, talloniti, crampi da tensione. Ogni volta che compiamo azioni comuni in modo rilassato, come lavorare, mangiare, camminare, vuol dire che siamo presenti a noi stessi, che abbiamo attivato il nostro organismo anche a livello istintivo.

Una delle paure più forti che comporta solitamente il blocco del primo livello è quella di essere spontanei, di poter fare quello che si vuole, senza essere puniti o giudicati. Quando riusciamo a superare questa resistenza interna proviamo una sensazione fortissima di libertà personale.

Impariamo a liberare il primo livello psicosomatico dai blocchi con un semplice esercizio. Chiudete gli occhi e percepite prima di tutto lo spazio che occupate stando seduti sulla sedia, sentite bene i vostri piedi che toccano a terra e la schiena che si appoggia sulla sedia. Inspirate ed espirate rilassando la zona del torace e, ancora più a fondo, la zona del cuore. Ancora una volta inspirate ed espirate col diaframma, facendo scivolare le tensioni. Fatelo una terza volta.

Adesso, in questo stato di rilassamento, iniziate a immaginare che i vostri piedi diventino sempre più saldi, sempre più fermi, pesanti, radicati al terreno. Immaginate che questa forza, questo radicamento, salga nelle gambe fino ad arrivare alle cosce e poi ai glutei raggiungendo piano piano l'ombelico. Sentite questa parte, dall'ombelico fino alla pianta dei piedi, in modo sempre più deciso, fermo, radicato. Immaginate di essere una sola cosa con la terra, con la materia e sentite tutta la vostra parte inferiore connessa alla forza del terreno.

Concentratevi ora sulla testa, sulla sommità del capo e immaginate che una brezza che scende lungo il vostro corpo proprio da questo punto. Come un vento, un'aria delicata, un soffio che dalla parte più alta della testa scivoli a livello del collo e delle spalle, delle braccia, facendo diventare ogni parte del corpo sempre più leggera, fluida, fino ad arrivare al torace. Da questo punto, dalla linea mediana dove c'è il cuore, sentite che il soffio va a coprire anche la parte posteriore del corpo e così braccia, spalle e testa diventano sempre più leggere. La vostra metà superiore è il cielo, la parte inferiore è la terra.

Ora, portate la vostra attenzione alla zona che sta al centro del torace. Mettete una mano sopra il diaframma e l'altra sotto la linea che individua il cuore, in modo che le mani siano vicine e unite, una sotto l'altra. In questa posizione stiamo, idealmente, unendo le due metà del corpo.

Continuate a respirare in modo del tutto regolare e normale, alzando e abbassando il diaframma. Con una mano siamo collegati alla terra, la parte inferiore del corpo, e con l'altra siamo collegati al cielo, la parte superiore del corpo. Sentite che, attraverso questo respiro, la linea di confine tra terra e cielo, dentro di voi, si pone in equilibrio, nella sua esatta dimensione. In questo modo, col respiro, permettiamo alle due parti di fondersi.

Il secondo livello psicosomatico
Al secondo livello psicosomatico viene normalmente associata la parte del corpo che riguarda il centro della sessualità e della

procreazione. È quindi la parte che produce, che genera, quella che è alla base delle energie fisiche. In questo punto, convergono le intelligenze del corpo biologico, le energie della vita. Il compito più importante da svolgere adesso è prendere coscienza dell'energia vitale, il *prana* o *pneuma*. Questa energia ha sempre un forte collegamento con il respiro, come generatore di vita. Nel corpo umano a rappresentare maggiormente questo concetto è l'utero, un punto in cui qualcosa di infinitamente piccolo e invisibile (lo spermatozoo) dà origine alla vita, proprio grazie a questa energia intelligente e creativa.

Il tipo di energia che abbiamo nel secondo livello ci lega essenzialmente al canale materno, e le sensazioni, le informazioni, il tipo di contatto che abbiamo ricevuto, ci condizioneranno nel rapporto che instaureremo da adulti con quella persona che più si avvicina all'ideale di riferimento materno, il nostro partner.

Noi tutti abbiamo imparato già nella pancia della mamma o comunque fin dai primi giorni di vita, a chiuderci energeticamente. È un meccanismo spontaneo, proprio come quando il bambino non vuole essere picchiato o è assordato dal troppo rumore e ritira le proprie energie, si concentra su se stesso. Questo tipo di reazione è alla base di tutto il processo del blocco di secondo livello. La sensazione di sentirsi "chiusi dentro", la convinzione di non potersi più "aprire", se persiste come modalità di essere anche nell'età adulta, produce una pericolosa condizione esistenziale di separazione dal mondo, con conseguente grave incapacità relazionale. Possiamo definire il secondo centro o livello come un vero e proprio "pilota automatico". Il bambino, infatti, è in grado di percepire perfettamente le energie e le loro qualità.

Egli ha una percezione sensoriale del mondo molto sviluppata e pertanto è in grado di avvertire in maniera incredibile la qualità energetica dei genitori, delle situazioni intorno a lui, soffrendo, ad esempio, per un tono di voce duro, freddo, che lo fa ripiegare su se stesso. Parliamo di "pilota automatico" perché le reazioni del secondo livello sono inconsce e quindi automatiche e, se questa chiusura permane a lungo, il blocco può diventare continuo.

Anche in questo caso, la tecnica del respiro unita all'ascolto del corpo, alla liberazione delle immagini che ci giungono in fase di meditazione, è il primo approccio per sciogliere la massa di energia bloccata. Riaprire il secondo livello significa riattivarlo attraverso il respiro.

Per riuscire a sbloccare eventi dolorosi, che spesso sono causa di credenze errate, è necessario attraversare l'emozione del dolore che controlla sia questa zona del corpo che la parte corrispondente della personalità. Il dolore o disagio, rimane comunque il punto centrale di questo processo.

Se non vogliamo vedere il dolore e non riapriamo la parentesi di sofferenza vissuta nella nostra vita, non riusciremo a comprenderne il contenuto, non riusciremo a rivivere quell'energia rimasta chiusa nell'evento doloroso e di conseguenza non riusciremo a sbloccarla. Ancora di più, all'interno della nostra mente, nella sua radice profonda, rimarrà un nucleo duro di memoria negativa che non ci permetterà di vivere pienamente.

Altra nota significativa, riguarda gli organi interni interessati dal secondo livello: milza e fegato. La milza è l'organo preposto a gestire energie di tipo femminile, tenerezza, tristezza, femminilità, mentre il fegato gestisce energie prettamente maschili come rabbia, aggressività (si dice di un'arrabbiatura: «Mi sono fatto il fegato a pezzi»). In caso di disagi forti che producono anche patologie, non sarà strano trovare alterazioni in questi due organi importantissimi del nostro corpo.

Capite ora quanto possa essere importante avere coscienza delle emozioni che ci attraversano, e quanto sia urgente imparare a guidare i nostri pensieri, le emozioni per fare in modo di prevenire il più possibile il verificarsi di eventi spiacevoli che possono addirittura provocare l'insorgenza di una malattia.

Nella medicina psicosomatica, ad esempio, una delle cause scatenanti del "mal di stomaco", come noi comunemente lo chiamiamo, è una stretta relazione tra giudizi ed espressioni di una forma di pensiero con emozione negativa e la visione che abbiamo della vita. La nostra società è basata fortemente sui giudizi, perciò il nostro stomaco continua a chiudersi e continua a limitare il potere di essere liberi, energia primaria che passa attraverso l'addome per arrivare al cuore. Riuscite a immaginare quale possa essere il risultato di questa costante inibizione?

Come i disturbi affettivi agiscono sulla psiche

Riassumendo il concetto di blocco, vi possono essere persone che hanno avuto un'educazione costrittiva, molto forte, con traumi ben precisi che hanno lasciato un segno profondo nella loro psiche, oppure altri soggetti che, pur non avendo subito specifici episodi negativi, hanno tuttavia vissuto in contesti familiari depressi o demotivanti che li hanno resi vittime di uno stato generale di scarsità emozionale e di mancanza di stimoli verso la vita.

Esperienze di questo tipo, portate avanti negli anni e arrivate così a calcificarsi sul nostro stato emotivo, possono produrre disagi. È possibile che, facendo meditazione o praticando la respirazione consapevole, si manifesti dolore. Normalmente le zone colpite più di frequente sono i polpacci, i reni, lo stomaco, il fegato, la spalla destra e infine la testa, nella forma dell'emicrania.

Se abbiamo iniziato a utilizzare la respirazione consapevole, ogni volta che ci accade di provare dolore possiamo usare due strategie diverse: la prima è cambiare posizione, spostandoci di poco con il bacino o la testa; la seconda è cambiare il ritmo della respirazione, entrando più in profondità nel dolore, accettando di "sentirlo". Proviamo a immaginare che l'aria sia una sorta di energia, con una sua luminosità, una sua forza, un suo spessore, una sua densità, e ipotizziamo di avere male a un rene. Ora, respiriamo proprio in quel punto, e sentiamo il rene "forte e duro", perché quando c'è dolore l'energia si compatta.

Proviamo a "soffiargli" sopra come si soffierebbe su un vetro, creando un alone di aria intorno, diamogli spazio, luminosità. In altre parole, cerchiamo di inviare pura energia alla parte dolorante.

Questo metodo, molte volte, riesce a sciogliere la forza rappresa, raggrumata, scioglie il blocco dall'interno e riporta l'equilibrio. Spesso, con questa tecnica, emergono anche emozioni, come rabbia e tristezza, ci si mette a piangere. La cosa migliore che possiamo fare in questo caso è sintonizzarci con il dolore, sentirne la controparte emozionale, perché di solito dietro di esso c'è un'emozione precisa, a sua volta in grado di far emergere il ricordo corrispondente e attivare così un vero e proprio sblocco emotivo.

Anche se non è facile, dobbiamo ricordarci che noi siamo esseri indipendenti che abbiamo una coscienza individuale, di cui ognuno di noi deve rispondere in prima persona soprattutto a se stesso. Quando avremo compreso questo principio, noi cominceremo a "vivere" in modo finalmente autentico, a diventare "veri", perché nostro unico dovere morale è "essere" quello che siamo e non quello che "dobbiamo" essere.

SEGRETO n. 14: ognuno deve rendersi conto della sua individualità. Vivere del vuol dire realizzare il proprio "essere".

Il terzo livello psicosomatico

Lavorare sul terzo livello ci porta a considerare le energie del potere personale. Le energie del nostro corpo si dividono in attive e passive, e tra di loro deve esserci un equilibrio dinamico. Se questo equilibrio si interrompe, noi non ci sentiamo più "noi stessi". La nostra identità, pertanto, è strutturata sull'equilibrio di alcune funzioni opposte tra loro, che possono essere descritte come l'emisfero maschile e quello femminile, il sistema nervoso simpatico e quello parasimpatico.

Ora, nella nostra civiltà, è predominante un ordinamento sociale, economico e strutturale che impone attenzione continua. Per questo, se una persona è nata in una famiglia che gli ha insegnato a mantenere in equilibrio queste energie opposte, le forze femminili e quelle maschili, di fronte a situazioni normali reagirà in maniera altrettanto normale, di fronte invece a situazioni forti reagirà in maniera forte.

Lo stress invece è una risposta eccessiva a una serie di stimoli che potremmo definire normali: coloro che sono nati e cresciuti in un contesto di stress saranno portati ad avere reazioni esagerate a situazioni che non le richiederebbero.

E che sia espressa apertamente o non lo sia, in condizioni di stress è sempre l'aggressività a emergere, sostenuta dai reni che continuano a lavorare senza sosta. Di solito le persone che fanno lavorare troppo il sistema simpatico, e cioè l'aggressività o la paura, hanno poi come effetto di ribilanciamento il fatto di ricadere in uno stato di prostrazione, perché hanno esaurito tutte le energie dei muscoli per motivi non importanti e si trovano così senza forza.

La civiltà occidentale ci ha abituati a vivere con un livello di stimolazione intellettuale altissimo, pertanto siamo soliti vedere anche piccole cose come fonte di pericolo e viviamo in una specie di continuo stato di allerta. In questo modo, tutto il sistema dell'aggressività viene bloccato al punto che, continuando a mettere in atto meccanismi dell'attenzione al pericolo, ci ritroviamo alla fine, chiusi in un recinto.

Purtroppo, per mille ragioni, viviamo in un sistema che in realtà non accettiamo e non amiamo. Normalmente, infatti, i condizionamenti sono così forti da minare il punto per noi più importante, ovvero la nostra equilibrata risposta agli stimoli.

Per difenderci dobbiamo a volte essere aggressivi, dire di no, puntare i piedi, piangere, urlare, far sentire la nostra voce, dire la nostra opinione, non essere d'accordo. Il nostro potere è proprio quello di essere nella realtà e quindi di reagire volta per volta come riteniamo più opportuno a ciò che ci circonda.

Nel concetto di identità, come potere personale, è già implicito il rispetto. Questo al di là degli episodi singoli, dei rapporti interpersonali e della forza dell'altro con cui ci confrontiamo. Ma che cosa accade quando la forza attiva del terzo livello, che possiamo identificare col rene destro, viene inibita? Se viene ostacolata la funzione dell'energia come espressione del proprio potere personale, («Stai zitto/a tu, che non capisci nulla», «Cosa credi di poter fare?», «È troppo difficile per te, non sei capace»), ci richiudiamo, le energie si abbassano, diventiamo statici, ci adagiamo sui nostri dolori, ci sentiamo piccoli esseri deboli, e pensiamo che chiunque possa ferirci. La conseguenza è che non troviamo il nostro posto nella vita, una tra le più disastrose condizioni che si possano verificare.

Tutti abbiamo vissuto nella nostra vita momenti di stagnazione, anche se poi li abbiamo superati. È importante riprendere il contatto con quelle situazioni in cui, magari da bambini, ci è stato tolto il potere, in cui siamo stati costretti all'impotenza.

Riconsiderare quegli eventi è utile per prenderne consapevolezza, rivedendoli in modo diverso. Con un diverso approccio possiamo infatti avere un'intuizione giusta, un lampo della coscienza, per cui, rivivendo lo stesso processo, saremo in grado di reagire in maniera differente e di aprire una strada alternativa a quella di allora.

SEGRETO n. 15: se viene ostacolata la funzione dell'energia come espressione del proprio potere personale diventiamo statici, per cui dobbiamo prendere consapevolezza di questo blocco per evitare di ripiegarci sulle nostre fragilità.

Dobbiamo così individuare tutta una serie di meccanismi che ci hanno fatto sentire bloccati e che credevamo di non poter superare; questi meccanismi devono diventare mano a mano sempre più chiari. È fondamentale riuscire a capire che cosa, nell'atteggiamento dei genitori, della maestra, del capo e di chiunque ricoprisse un ruolo di autorità, fosse inibitorio nei nostri confronti, che cosa ci feriva, cosa ci faceva male, cosa ci impediva di reagire.

Quando ci ritroviamo in una situazione poco vivibile, possiamo avere reazioni diverse, possiamo chiuderci o diventare reattivi. Possiamo affrontare le avversità oppure deprimerci. In entrambi i casi la problematica resta uguale, fino a che la reazione non sarà equilibrata e forte al tempo stesso.

Questo perché una reazione aggressiva viene da un potere personale distorto e la reazione passiva viene da un potere personale inibito. Trovare il punto di equilibrio è lo scopo del bilanciamento del terzo livello. La riproduzione di schemi di comportamento erronei dipende senza dubbio da situazioni vissute nel corso della nostra infanzia.

Alcuni genitori, purtroppo, non riescono ad amare, ma il bambino è veramente affamato d'affetto e così sente la mancanza della protezione affettiva di cui ha tanto bisogno; inoltre, se a questo tipo di privazione si aggiunge la minaccia di togliergli anche l'amore che in quel momento riceve (la stima, l'accettazione e l'amore dei genitori) se non riproduce lo schema di comportamento richiesto (secondo il modello "se fai così, non ti voglio più bene"), il bambino impazzisce di paura perché per lui l'amore è vitale. È più vitale della rabbia, e quindi a un certo momento decide di arrendersi, di obbedire. È qui che si viene a creare la prima grande rottura della nostra identità interiore.

Il bambino comincia ad assumere comportamenti stereotipati, a essere compiacente, a essere diviso: è il primo segnale del disagio. Tutto ciò che non vuole e che invece sente di dover fare, si accumula dentro di lui da qualche parte, si blocca sul primo, sul secondo e poi sul terzo livello psicosomatico.

Fino a quando crescendo, a un certo punto, con un atto di volontà, non decide di uscire dal condizionamento che ha a lungo determinato i suoi comportamenti. E questo deve essere un atto di grande determinazione, che si compie perché si sente che è giusto farlo. Allora l'adulto rientrerà in contatto con la matrice originaria, con la sua vita autentica, con la sua forza e comincerà a nascere nuovamente. È quindi fondamentale non farsi abbattere dalle situazioni e riprendere sempre la propria energia. Dobbiamo imparare a tirare fuori tutta la forza di cui disponiamo.

A volte invece, i genitori non c'entrano e la maggior parte dell'ira o della frustrazione che ci affligge deriva da nostre esagerate assunzioni di responsabilità, sensi di colpa autoprodotti e altri atteggiamenti del tutto personali. Anche in questo caso, arrivare a capire che l'aggressività che sembra devastarci può essere riconvertita e utilizzata come energia positiva, come espressione creativa di noi stessi, ci fornisce una possibilità autentica di essere liberi.

Riusciremo a essere disinibiti, sbloccati e potremo scegliere se usare o meno la nostra energia: dipende solo da noi, dalla nostra volontà, solo così il potere personale avrà una manifestazione equilibrata. Il senso del potere infatti è essere esattamente quello che siamo, è il potere interno, il potere personale.

Per anni abbiamo continuato a confondere il nostro potere personale con quello che dobbiamo fare, quindi con un "io" ideale. L'io ideale è la matrice che ci hanno inculcato dall'esterno sotto forma di modello, per cui siamo interiormente vittime di una serie di immagini di come dovremmo essere. Queste proiezioni ci privano della possibilità di essere ciò che veramente siamo.

Se ci dicono ciò che dobbiamo essere, continueremo a passare dalla testa per decidere e scegliere ciò che è meglio fare per adeguarci all'immagine di noi che ci è stata appiccicata addosso. Il processo dovrebbe essere invece totalmente differente. Se, infatti, nella sfera cerebrale c'è unità, calma, apertura, e nessun condizionamento, noi sappiamo quello che dobbiamo fare perché le nostre azioni corrisponderanno alla nostra natura; non dobbiamo dialogare con noi stessi, non siamo scissi e separati, il pensiero può portarci le giuste intuizioni.

Non si tratta più, allora, di mente ed emozioni, si tratta invece di una "coscienza unitaria" che è maturata, dove ciò che abbiamo imparato, ciò che sentiamo, il nostro istinto, procedono insieme. Quando siamo in contatto con le nostre emozioni, vediamo con chiarezza cosa è la realtà: per raggiungere questo stato, dobbiamo per prima cosa superare i giudizi che continuamente diamo, innanzitutto su noi stessi. Per riuscire a superare la logica del "giudizio" dobbiamo però prima comprenderne il meccanismo.

Dicevamo che il giudizio è inteso come un io ideale a cui rapportarsi, un modello che applichiamo a qualsiasi nostro comportamento, mettendolo in relazione con un senso di colpa, un senso del peccato, quindi un atteggiamento che da bambini è stato associato a un atteggiamento emozionale negativo, del tipo "se fai così non ti voglio più bene", ovvero affetto negativo e minaccia.

Nel nostro cervello questi parametri vengono unificati, per cui ci troveremo spesso di fronte a qualche cosa che non possiamo fare, che "non si può fare", ma solo perché in realtà non crediamo di riuscire a compiere quella determinata azione. Ogni giudizio interno viene in seguito indirizzato all'esterno come proiezione, e quindi continueremo a considerare ciò che ci è accaduto come la nostra "vera" vita.

Quello che ci è accaduto, invece, è quello che noi abbiamo creato mano a mano nel tempo con le nostre mani, anche se questo può sembrare molto difficile da accettare.

Per spiegare meglio questo punto, facciamo un esempio. Immaginiamo un tornado, un evento che possiamo considerare e vivere in diversi modi, ossia come un avvenimento spirituale che ci riguarda direttamente o come un avvenimento solo esterno, distruttivo. Quel tornado, che ci ha cambiato la vita e che ci ha fatto capire che è un errore restare avvinghiati alle cose, può diventare un segno per comprendere veramente chi siamo. Oppure, quello stesso tornado può essere inteso come la catastrofe naturale che ha distrutto la nostra casa, la nostra famiglia, che ha causato la devastazione.

In modo positivo o distruttivo, noi diamo forma alla nostra vita. Dobbiamo essere consapevoli, quindi, di tutto ciò che abbiamo creato attraverso i giudizi e attraverso le proiezioni che dirigono le nostre scelte. Dobbiamo sempre avere molta fiducia in ciò che sentiamo, in ciò che siamo.

L'esempio del ciclone non riguarda il singolo individuo. Il tornado arriva, distrugge una serie di cose e poi va. Sta a noi individuare il lato creativo dell'evento, affrancandoci dal sentire solo disperazione. Le malattie, al contrario, andiamo a cercarcele veramente noi stessi, col nostro comportamento.

Anche nel caso in cui ci sembra di aver subito la più grande ingiustizia, a ben vedere, esiste un meccanismo per cui tutto questo è stato in qualche modo da noi agevolato.

Anche nelle situazioni più terribili della vita, si può imparare ad avere un rapporto non negativo con i propri sentimenti, dal momento che l'insegnamento positivo si può trarre anche dall'evento più distruttivo.

SEGRETO n. 16: non siamo vittime delle circostanze, le nostre azioni producono sempre un'esperienza.

Le difficoltà sopravvengono quando noi ci giudichiamo, quando non riusciamo a maturare la crescita perché c'è qualcosa dentro di noi che ci ostacola. A volte siamo in grado di individuare i blocchi al nostro interno, ma spesso accade che attribuiamo agli altri la responsabilità di un accadimento. Questo è un errore comune che commettiamo molto spesso: operando questo trasferimento, pensiamo che non ci sia possibilità di risolvere un determinato problema.

Se riusciamo invece a vedere che la causa è proprio dentro di noi, che siamo noi a creare tutto il contesto, potremo avere la meglio e venire a capo di una situazione negativa. È importante quindi capire quando sopravviene il nostro giudizio e quando siamo noi stessi a fermarci nel percorso. Riflettendo su ciò che ci affligge ci accorgiamo chiaramente che se vogliamo, siamo in grado di trovare soluzioni e di applicarle con felici risultati. L'importante è "decidere" di volerlo. L'importante è accettarsi, constatare che il problema è proprio come lo si vede e che nasce all'interno di noi, che noi stessi ne siamo l'origine, la causa, e che pertanto abbiamo le chiavi per poterlo sciogliere. Basta, in realtà, decidere di farlo.

SEGRETO n. 17: accettare ciò che siamo è il primo passo per risolvere i nostri disagi.

Il quarto livello psicosomatico

Nel quarto livello psicosomatico abbiamo la possibilità di conoscere e affermare la nostra verità, le nostre emozioni, i nostri valori. Corrisponde alla zona del cuore e ci mette in comunicazione con tutto ciò che può nutrire la nostra psiche. A volte per paura, per inconsapevolezza, irrigidiamo questa parte, pensando che sia "pericoloso" lasciare libero accesso alla vita interiore. Tanto è il nostro timore di essere abbandonati, traditi, che non appena percepiamo qualcosa di intimo, di pura interiorità, scatta immediato il meccanismo della paura, dell'abbandono, diventiamo insicuri e timorosi e cresce il bisogno di sicurezza.

E così ci si richiude, per non provare troppo dolore, per non rimanere privi di difese. A questo punto, l'importante è capire che possiamo, con un atto di consapevolezza, riaprire il nostro cuore sempre, in ogni momento. Ogni essere umano ha la capacità di trasformare la sua paura in apertura. Anche se il ricordo del dolore è forte e resterà tale, il cuore è la nostra identità primaria, è il nostro nucleo vitale, il centro della nostra esistenza, grazie a esso abbiamo la libertà di essere quello che vogliamo. La scelta che possiamo fare, che tutti possono fare, è allora quella di riaprire, attraverso la semplice consapevolezza, il centro del cuore e cominciare, a partire dalle piccole cose che ci circondano, ad accettare tutta l'esistenza.

Accettarci quindi, per come siamo, lasciando cadere la maschera ed essendo semplicemente noi stessi. Accettare la vita così come viene è difficile, perché siamo portati a impostare la nostra esistenza, a indirizzarla verso dove noi vogliamo che vada, servendoci della nostra intelligenza allo scopo di modificare il corso delle cose.

Certo, in determinate situazioni cercare di modificare la nostra esistenza è necessario, ma a un certo punto del nostro percorso arriva un momento in cui dobbiamo lasciare che la vita vada dove deve andare. Affermiamo quindi «Io ci sono», «Io ci sono totalmente, con tutte le mie energie positive e negative, le mie energie razionali e irrazionali, le mie energie fisiche, emozionali, spirituali, io comunque ci sono». Il quarto livello è semplicemente rendersi conto della propria esistenza, del fatto che esistono dei limiti, che le prospettive possono essere deluse, ma comunque noi ci siamo.

Rendersi conto della propria presenza nel mondo è indispensabile per il nostro benessere. Quando cominciamo a vivere la nostra identità, le cose funzionano diversamente, le relazioni assumono altri aspetti. Non dobbiamo dimostrare nulla: la migliore strategia che possiamo mettere in atto è quella di sentirci bene con noi stessi e in contatto con quello che siamo nel presente. Per entrare in questo stato a volte dobbiamo superare le barriere costituite dalle paure, dalle diffidenze, dai ricordi delle esperienze che ci hanno fatto soffrire, ma senza dubbio ne vale la pena, c'è in gioco la nostra stessa vita.

Essere nel presente e restarci, è così che possiamo accettare un problema e poi risolverlo. Cambiamo il nostro destino, ma lo facciamo restando noi stessi. Essere in questo stato significa creare un forte contatto con il proprio io. La totale accettazione di ciò che è al mondo fa sì che tutto quello che una persona fa diventi propositivo, legato al presente delle cose. La vita è la migliore scuola e la migliore maestra e ci chiede di vivere nel presente, di essere coscienti di quello che si sta facendo.

La qualità della nostra esistenza è data proprio dal modo in cui si fanno le cose. Ci prendiamo cura delle nostre emozioni, dei nostri pensieri, dei nostri progetti? Ognuno deve badare innanzi tutto a se stesso, a far funzionare bene quel piccolo microcosmo di cui è la coscienza centrale.

Se entriamo in questo spazio, diventiamo co-creatori, diventiamo parte della creazione, e allora potremo esprimere la nostra creatività in tutti i modi, come risultato del rispetto per noi stessi e per gli altri.

SEGRETO n. 18: ascoltarsi e godersi il proprio presente è il modo migliore per sviluppare la propria la creatività.

Il quinto livello psicosomatico

Il quinto livello riguarda l'espressione, la parola, la voce. Ascoltate il vostro respiro, provate a sentire la zona della gola; a volte vi sembrerà chiusa, strozzata. Provate ora ad ascoltare la vostra voce, lasciatela uscire mentre parlate esprimendo quello che sentite. Ascoltatevi. Date più energia a questo punto del vostro corpo, continuando a portare il respiro in modo consapevole proprio lì.

Alzate e abbassate la testa, in modo che il mento vada a toccare il petto prima di risalire verso l'alto. Sentite se vi provoca disagio. Ancora con la testa leggermente piegata in avanti, provate a sentire la parte posteriore della gola, le spalle e la nuca. Se tenete gli occhi chiusi, l'attenzione e l'energia rimarranno dentro di voi, potrete così sentire tutte le differenti sensazioni che la gola vi comunica.

La voce, infatti, può uscire con rabbia o essere morbida. In questo momento neutro, cercate di percepire la vostra doppia qualità di energia. Provate a sentire le emozioni che rimangono inespresse; cosa vorreste esprimere e cosa non riuscite a comunicare. Sentite profondamente il cuore e l'addome e la loro connessione con la gola: cosa trattenete e cosa lasciate andare? Cosa volete gettar fuori o avete paura di dire? Concentratevi sulla gola e provate a parlare, anche se siete soli, come se qualcuno vi ascoltasse. Ascoltate il timbro della vostra voce, la sua decisione o incertezza; la sentite davvero "vostra"? Siete abituati a esprimere le vostre reali, vere emozioni o, al contrario, le celate? Questo è il punto centrale che dobbiamo verificare.

Stiamo parlando di espressione. Se sentite delle difficoltà, esprimete anche quelle. La gola e gli organi della voce sono un sistema molto complesso. Il quinto livello psicosomatico mette in contatto le varie parti interne del corpo, ma soprattutto permette di rapportarsi al mondo esterno. Tutti gli organi di comunicazione si trovano nell'area del quinto livello; questa comprende la parte alta del torace, parte delle braccia e la metà superiore delle mani, il collo, la gola, le orecchie e l'intera zona del viso.

Con la parte anteriore del quinto psicosomatico parliamo e ci esprimiamo. Con la parte posteriore, che comprende le orecchie, riceviamo. La voce, comunque, esprime messaggi ben più articolati rispetto al viso e alle mani. Le grandi emozioni vengono espresse dal viso, ma questo spesso non è sufficiente per la comprensione. È la voce ad andare più in profondità, dal momento che comunica messaggi analitici e dettagliati, in cui si esprimono le tonalità emozionali, i contenuti non verbali dell'inconscio, del corpo, del cervello. Il quinto livello è quello con cui esprimiamo noi stessi, ciò che siamo.

Un blocco in questo punto è complesso, perché l'inibizione si presenta forte e si riflette sull'intero sistema, come difficoltà di comunicazione. Il valore primario di questo livello è la verità. Verità significa esprimere se stessi sempre, in ogni circostanza. Verità non è solo "dire" ma anche "essere".

È ciò che esprimiamo con la voce e con il corpo, quindi se una dice di sì e l'altro dice di no, siamo scissi.

Cercare di essere veri, significa esprimere quella parte di sé che normalmente rimane celata. Noi non esprimiamo la verità perché spesso siamo inibiti. L'inibizione è paura e dietro la paura si cela il dolore e noi non vogliamo soffrire: questo è il motivo per cui spesso omettiamo di dire la verità.

Molti bambini, cresciuti in famiglie problematiche, che non tolleravano i lamenti, hanno imparato a non parlare più della loro emotività e del loro bisogno affettivo e si sono imposti di tacere. La maggior parte di queste persone scioglie questo blocco riconoscendo i propri bisogni ed esprimendoli, anche a costo di ottenere un rifiuto. Basta un sussurro per dire le proprie ragioni, non c'è bisogno di un grande potere. Lo stato emotivo critico per il quinto livello è la vergogna di esprimersi.

La vergogna ha a che fare col giudizio sull'espressione: un'inibizione frequente è, ad esempio, la convinzione di essere stonati, dovuta al fatto che qualcuno in passato ci ha definito così.

Subiamo infatti inibizioni esterne, che interiorizziamo e che continuano a ripercuotersi su di noi anche quando non giungono più dagli altri. Ogni volta che dobbiamo esprimere qualcosa, siamo condizionati dal giudizio sul nostro potere personale.

La verità è che abbiamo paura di essere quello che siamo. Abbiamo paura di fare "brutta figura" e ci blocchiamo. Per riuscire a esprimerci invece dobbiamo rischiare, dobbiamo concentrarci sulla nostra energia senza il timore del giudizio altrui. Le inibizioni e i divieti nel tempo ci hanno bloccati: può diventare difficile persino pronunciare parole semplici che permettano di capirsi e di andare a fondo nei rapporti.

Molte relazioni sentimentali falliscono per mancanza di dialogo o di contatto fisico. La paura e la vergogna ci spingono spesso ad assumere una strategia di comunicazione assai diversa da quello che sentiamo e che vorremmo in realtà attuare. È importante che entriate in contatto con la parte di voi che normalmente non avete la forza di esprimere.

Quello che permette di superare realmente il problema è diventare consapevoli del piacere di esistere, di essere qui e ora, con tutto quello che questo comporta. Questa è l'unica medicina per la carenza di amore. Se vi sentite angustiati per qualcosa, fermatevi un attimo e riflettete: quello che state facendo, magari non vi appartiene? Lo state facendo solo per dei condizionamenti ricevuti? Questa consapevolezza vi aiuterà ad andare avanti nella giusta direzione. Il nostro scopo è ritrovare la centralità, il piacere di vivere.

SEGRETO n. 19: la nostra responsabilità è ritrovare la creatività nel quotidiano, il piacere di esprimere noi stessi completamente.

Il sesto livello psicosomatico

Il sesto livello riguarda la coscienza percepita a livello fisico. Su un piano più elevato, corrisponde al centro di comando che prende dai sensi le informazioni che arrivano da tutto il corpo al cervello, e ne decodifica il senso globale. Provate a chiudere gli occhi e a sentire il corpo solo dall'interno: quando li riaprirete avrete una visione molto più intensa della realtà. Restare in questo stato di totalità costituisce una potente tecnica di liberazione, di risveglio della coscienza. Noi viviamo nella realtà esterna per la maggior parte della giornata ed è molto importante riuscire a trovare il tempo di calarci nel leggero silenzio della nostra interiorità.

Cominciando a osservare i nostri pensieri, il flusso delle idee e delle parole interne, vedremo con chiarezza i condizionamenti e li potremo fermare proprio con lo stesso atto di osservazione. Li individueremo, li guarderemo, ce ne distaccheremo e quindi non saranno più loro a comandarci. Possiamo liberarcene attraverso l'osservazione, con il distacco. Sembra paradossale, ma è così: se ci distacchiamo dalle emozioni, dai bisogni, se entriamo in noi stessi, la nostra coscienza risulterà leggera e libera.

Proviamo continuamente emozioni, ma dobbiamo imparare a non identificarci con esse, al fine di capire che le cose accadono, si trasformano, seguono il flusso dell'esistenza, indipendentemente da noi. Le persone hanno il terrore di abbandonare le loro visioni del mondo, perché quando questo accade, si ha la sensazione che tutto crolli, lasciando un enorme vuoto. Se però proviamo a stare nel vuoto, senza cercare di dargli un senso, una direzione, ma accettandolo senza riserve, questo vuoto si trasforma e diventa un'altra esperienza di vita, in cui siamo liberi, senza condizioni che inibiscano le nostre scelte.

Come si fa a entrare nel vuoto? Non è facile andare oltre la mente, perché i suoi condizionamenti sono molto forti. Per riuscirci, bisogna innanzitutto sentire il proprio corpo, entrare in contatto con la parte saggia e silenziosa che vive in noi. Distaccarsi dalla mente non significa gettarla via, ma usarla nel modo giusto. Se impariamo a fermarla, possiamo riuscire a prenderci dello spazio per riequilibrare noi stessi.

SEGRETO n. 20: se entriamo in contatto con la parte saggia che risiede dentro di noi possiamo orientare al meglio le nostre energie.

Il settimo livello psicosomatico

Il settimo livello è paragonabile a una condizione di apertura e connessione energetica in perfetto equilibrio, al nostro interno e nello stesso tempo con l'esterno. Questa funzione non è semplice da individuare, perché si riferisce alla somma delle nostre esperienze e condizioni a livello profondo, ed è per questo che non può essere inibita facilmente. L'unica condizione che ne rallenta lo sviluppo e l'equilibrio, è la depressione, in quanto la persona che ne soffre deve trovare maggiore motivazione dentro di sé per tornare a riprendere il controllo totale della propria esistenza.

Il rapporto del settimo livello con tutti gli altri è fondamentale, perché fornisce una chiave di lettura del nostro benessere psico-fisico ed emotivo. Tuttavia, se il primo livello è importante perché ci dà la possibilità di esistere, il settimo ci permette di essere "coscienti" di esistere. Si tratta del punto d'accesso e di uscita di tutte le energie che ci attraversano.

Possiamo descrivere questo settimo livello come il coronamento della capacità di comprendere il proprio stato, di essere consapevoli del proprio corpo e al tempo stesso di avere accesso ai tesori della mente e dell'inconscio. Questo livello psicosomatico è anche la sede della trasformazione: si dice spesso che comporta "la morte alla vecchia vita", con tutti i suoi schemi e i modelli di pensiero abituali, di relazioni sociali e affettive consolidate.

Questa rottura con il passato può avvenire anche a livello fisico, per cui a volte non ci si riconosce più nel proprio corpo. Quando questa sensazione matura dentro di noi, avvengono le grandi rivoluzioni nella vita.

Si cambia lavoro, le relazioni si interrompono, c'è una necessità di cambiare aspetto fisico, di modificare l'esterno perché il nostro intimo è cambiato.

Quest'ultimo aspetto del processo di evoluzione, sarà uno dei più importanti che ci accompagnerà nell'avventura affascinante di ritrovare noi stessi.

SEGRETO n. 21: lo scopo di crescere nella vita è quello di evolvere e realizzare la nostra vera essenza.

RIEPILOGO GIORNO 2:

- SEGRETO n. 11: i livelli psicosomatici ci informano delle nostre necessità.

- SEGRETO n. 12: essere presenti a noi stessi ci consente di individuare l'origine delle nostre paure.

- SEGRETO n. 13: l'inibizione all'azione può essere provocata dalla paura ma con un piccolo sforzo di volontà possiamo scegliere di vivere senza dolore.

- SEGRETO n. 14: ognuno deve rendersi conto della sua individualità. Vivere del vuol dire realizzare il proprio "essere".

- SEGRETO n. 15: se viene ostacolata la funzione dell'energia come espressione del proprio potere personale diventiamo statici, per cui dobbiamo prendere consapevolezza di questo blocco per evitare di ripiegarci sulle nostre fragilità.

- SEGRETO n. 16: non siamo vittime delle circostanze, le nostre azioni producono sempre un'esperienza.

- SEGRETO n. 17: accettare ciò che siamo è il primo passo per risolvere i nostri disagi.

- SEGRETO n. 18: ascoltarsi e godersi il proprio presente è il modo migliore per sviluppare la propria la creatività.

- SEGRETO n. 19: la nostra responsabilità è ritrovare la creatività nel quotidiano, il piacere di esprimere noi stessi completamente.

- SEGRETO n. 20: se entriamo in contatto con la parte saggia che risiede dentro di noi possiamo orientare al meglio le nostre energie.

- SEGRETO n. 21: lo scopo di crescere nella vita è quello di evolvere e realizzare la nostra vera essenza.

GIORNO 3:

Come le emozioni negative inibiscono la nostra crescita

I blocchi psicosomatici di primo livello

In natura, un albero che non riesca ad assorbire il nutrimento dalle radici, diverrà ben presto debole fino a seccare. Allo stesso modo, se la radice dell'albero della nostra coscienza non assorbe, essa sarà fragile. Poche sono le persone che riescono a crescere con il primo livello aperto ed equilibrato. Il blocco di questo primo centro è legato alla paura di sopravvivere, di liberare le energie negative qui bloccate, e venirne a capo è un lavoro spesso difficile, proprio perché si tratta delle radici più profonde, inconsce, dell'albero della coscienza, legate alla rimozione, alla negazione.

La liberazione delle energie del primo livello è forte, primitiva, essenziale, legata ai bisogni primari; comporta sensazioni molto fisiche, paura per la propria sopravvivenza, istinto di fuga, paura della violenza, dell'abbandono fisico, di morire fisicamente di stenti o per cause simili. Si libera la paura in tutte le sue forme, si libera la voce, a volte in modo molto primitivo. Vengono rilasciati, in qualche caso, anche timori psicologici di livelli superiori, legati alle figure dei genitori o di coloro che sono stati causa di questi traumi.

I blocchi di primo livello sono spesso legati anche all'eccesso di controllo mentale e quelli della paura nascondono emozioni inibite come rabbia, dolore, fuga, odio, che devono potersi manifestare. La paura, lo sappiamo, è uno dei nostri alleati più importanti e deve poter essere sbloccata, ascoltata e trascesa.

Se vogliamo rimettere in moto un processo inibito, dobbiamo rimettere in moto l'azione, per risolvere i nostri conflitti interni. Ogni volta che blocchiamo le nostre emozioni creiamo un blocco psico-energetico. Per scioglierlo, dobbiamo agire o imparare di nuovo a reagire. Tiriamo fuori tutta la paura e tutte le emozioni bloccate per poi rilassarci: questo riattiverà il primo livello.

Se da bambini ci siamo presi un bello spavento, probabilmente non abbiamo gridato abbastanza e avremo, allora, paura della paura. Se non abbiamo espresso la rabbia, perché siamo stati picchiati, la rabbia è inibita.

Se nostra madre ci lasciava piangere ignorandoci, ha favorito inconsapevolmente un processo psicopatologico. Noi dobbiamo ascoltare la paura e far uscire ciò che essa inibisce, lasciando venir fuori quello che abbiamo frenato: tristezza, rabbia, paura stessa. Bisogna riuscire a osservare quest'ultima, diventarne consapevoli, trasformarla, cambiarne l'energia; prendere la forza del primo livello e con questa, impegnarci a cercare di nuovo ad affrontare il mondo. Se osserviamo la paura proveremo rabbia, tristezza, dolore, emozioni vecchie. E se subito dopo impareremo a riprendere coraggio, a rivivere le situazioni una seconda volta, vedremo che, inserendo nuova energia e diventandone consapevoli, capiremo meglio altri aspetti che ci erano sfuggiti.

SEGRETO n. 22: la paura è uno dei nostri alleati più importanti perché nasconde la soluzione ai nostri problemi.

I blocchi di secondo livello

I più comuni disturbi psicosomatici del secondo livello comportano le carenze di vitalità e gioia di vivere, in particolare la depressione (oppressione della vitalità, della libertà di stare al mondo piacevolmente), i buchi affettivi (abbandoni materni o infantili) che si proiettano nei disturbi della relazione (troppo attaccamento o troppo distacco).

L'energia primaria dell'addome

Comprendere la valenza dell'energia primaria dell'addome è fondamentale per curarci ed evolvere. Quella cosiddetta "di pancia" è l'energia primaria della vita e ha la caratteristica di piacere, di totale rilassamento, di non pensare, di sentirsi in una totale atmosfera di presenza. Questa è una capacità che tutti gli animali hanno spontaneamente. Dopo la caccia o qualsiasi altra fatica, si fermano, si rilassano e si godono la vita. Questo è lo stato di piacere della "pancia", cioè il piacere di stare nel proprio corpo, senza fare, senza agire. Godersi la pace dei sensi in stato di rilassamento.

Sentire che la pancia respira, che è rilassata, questo dovrebbe essere lo spazio normale del vivere quotidiano, nonché della meditazione. Se noi lasciamo fluire questa energia, se impariamo a liberarla, a gestirla con consapevolezza e senza controllo, torniamo vivi, accesi, sensibili. Quando lasciamo fluire l'energia legata agli istinti e alle emozioni vitali, questa ci apre i sensi e ci consente di percepire perfettamente il nostro corpo, la nostra pelle, le nostre sensazioni.

Dobbiamo quindi uscire dal pensiero, dalla testa e rientrare nel corpo fisico-energetico, individuando l'aspetto emozionale. Si guarisce dalla malattia nel momento in cui si acquista consapevolezza positiva e piacere di vivere nel proprio corpo.

Essere e vivere più intensamente
Sempre più persone intorno a noi decidono di ritornare a quello che è stato per millenni il modo tradizionale di lavorare e di vivere. Una specie di part-time: si lavora per mezza giornata e l'altra mezza giornata si vive. Ridimensionare l'impegno lavorativo è importante dove possibile.

Invece di lavorare tanto e spendere tanto perché, ad esempio, non abbiamo più tempo di fare da noi le cose (ad esempio, i lavori domestici, portare i panni in lavanderia, fare piccole riparazioni), spendendo in questa maniera parte consistente dei nostri guadagni, dovremmo poter riuscire a riqualificare gli impegni giornalieri.

Questo perché, soprattutto i rapporti umani hanno bisogno di tempo, di spazio, di presenza e di cura. Quindi dobbiamo veramente ripensare e ristrutturare un modo di vita diverso, cominciando da noi. L'energia della pancia è l'energia di base, ogni volta che volete entrare in contatto con qualcuno che amate, ogni volta che c'è una situazione che vi sta a cuore, che vi interessa, ricreate le caratteristiche di rilassatezza che l'addome richiede. Ricreate la situazione del presente, qui e ora, con tutto il corpo, sentite l'energia del corpo, e la vostra vita cambierà radicalmente, cambierà la sua qualità intrinseca.

Occorre un po' di tempo per imparare questa tecnica, però lentamente arriveranno i miglioramenti, sia nostro corpo che il nostro inconscio se ne renderanno conto.

SEGRETO n. 23: lasciamo che l'energia primaria, del qui e ora, ci restituisca il piacere di vivere.

I blocchi del terzo livello

Il terzo livello è orientato al ruolo sociale, e quindi all'amicizia o al potere, ed è connesso alla facilità o difficoltà di essere se stessi, di sentirsi adatti o inadatti, sicuri o insicuri. Il potere di essere quello che siamo viene degenerato nel potere sugli altri, nella coppia, nella famiglia, nel lavoro, nei giochi tra bambini. Abbiamo ampiamente compreso come il blocco di terzo livello, che si manifesta nella nostra intera società, dipende da una storica incapacità di creare una rete di relazioni sociali più umane e amorevoli. Questo blocco deriva prima di tutto da una carenza di fiducia in sé e si manifesta con l'aggressività.

Quando si riesce a effettuare la riconversione di questo punto, emergono energie estremamente calde e potenti, forti, irrazionali. Emerge rabbia, pianto, ribellione, paura, inibizione e vergogna. La liberazione di queste energie "basse" è un elemento di essenziale importanza nel processo di guarigione psicosomatica. Un passaggio insostituibile. Le problematiche del terzo livello si manifestano con tensioni alla testa e alla nuca che producono cefalee, depressioni e senso d'impotenza. Quando la mente è tesa, quasi sempre somatizza sullo stomaco, che è il primo organo-bersaglio delle tensioni del sistema nervoso. La chiave per comprendere questi disagi è il concetto di giudizio, che per definizione è un'opinione guidata da un'energia emozionale negativa, senza amore, né comprensione.

Il giudizio può uccidere una relazione, un'amicizia. Il terzo livello, quindi, è quello in cui la mente continua a veicolare degli schemi che sono basati sul giudizio e che fanno leva sulla paura fisica, economica e psicologica, sul dolore possibile o reale: bastano gli occhi o la voce a far sentire agli altri il giudizio e la disapprovazione.

Di fronte a queste minacce c'è paura, il cuore si chiude, c'è tensione sul diaframma, il sistema nervoso o la pancia si tendono, il corpo ha paura e respira male: questo è il blocco centrale della nostra vita. Negarlo, a livello cosciente, vuol dire alimentarlo.

Dobbiamo imparare a comprendere, calmare e trascendere, perché in realtà, se combattiamo questa condizione di fatto la rafforziamo.

SEGRETO n. 24: impariamo a sciogliere i blocchi del giudizio con fiducia e positività.

I blocchi del quarto livello

Il quarto livello riveste la massima importanza nella moderna psicosomatica. Si identifica nel cuore, è la sede del senso di identità, e quindi è il centro della salute globale di una persona. Riattivarlo significa guarire da ogni problema. Quando c'è una ferita, un'offesa, il cuore diventa pesante, oppresso, come fosse un sasso. Dobbiamo allora, respirare dentro questo sasso, finché non si scioglie. È qualcosa da capire, è parte di noi, qualcosa di diviso, separato, in conflitto, non armonico. Le emozioni negative devono essere accettate, comprese nella loro origine o natura e quindi trasformate.

Il cuore è anche il centro del nostro essere: per questa ragione, entrare nel concetto di identità di se stessi, implica un lavoro in profondità, il riconoscimento di chi siamo e della percezione che abbiamo della nostra persona. A tutti è capitato di chiedersi qual è la propria identità, qual è il senso della propria vita: si tratta di introspezioni riconducibili alle energie che passano per il quarto livello. Normalmente la chiusura o blocco di questo punto coincide con un blocco di comunicazione emozionale-istintiva e molto spesso si possono verificare anche blocchi alle spalle, braccia e mani. La persona non sa toccare, accarezzare, abbracciare, ha le spalle contratte e il petto che si chiude verso l'interno, espressioni di un caratteristico blocco del cuore sofferente, causato dal non sentirsi amati, ma rifiutati e traditi.

La liberazione delle energie bloccate del cuore è un processo delicato, perché legato, come dicevamo, al senso di identità e quindi alle emozioni, alle ferite e alle sensazioni che ne sono la causa.

Ora, il cuore, è il reggente psicosomatico del sistema immunitario, ciò significa che le emozioni positive del cuore attivano le difese dell'individuo contro ogni agente esterno e per contro, quelle negative, che nascono da un cuore chiuso, deprimono le difese immunitarie. Quando riusciamo a essere rilassati, sentiamo tutta l'energia che parte da questo centro e inonda ogni singola fibra del nostro corpo, restituendoci calma e rilassatezza.

Se scendiamo nel profondo dell'io, dietro il nostro nome-professione-storia, sentiamo il senso di esistere, di essere così come siamo. In questo stato di coscienza, non importa più come ci chiamiamo, qual è la nostra maschera esterna, noi esistiamo e siamo sempre noi stessi. La propria identità profonda è la cosa più preziosa che abbiamo, è il centro del nostro essere.

A livello emozionale possiamo aggiungere che, se da bambini non ci siamo sentiti amati, quando diventeremo adulti, anche se il nostro partner sarà aperto e amorevole, non riusciremo a sentirlo, a colmare il nostro vuoto d'amore. È necessario far emergere questo vuoto, vederlo, scioglierlo e trovare altre alternative comportamentali. Bisogna rientrare nel "film" di quel momento, riaprire quel dolore, quella paura vissuta. Se riusciamo a liberare la paura e il pianto dai polmoni, faremo venir fuori questa energia compressa e metteremo in circolo energie non di chiusura ma di reazione.

È un processo di fondamentale importanza nelle relazioni, che ci consente di non riproporre lo stesso schema di quando eravamo bambini, chiedevamo aiuto e ci sentivamo abbandonati. Ciò evita una serie di proiezioni infinite sull'altro e, al tempo stesso ci permetterà di imparare a chiedere, a reagire. Impareremo a essere autonomi.

A monte di questo disagio si trova un grosso problema del riconoscimento. Il bambino sente l'abbandono, il rifiuto alle sue richieste di amore ai genitori, una sensazione del tipo: «Io non ho diritto di esistere, di chiedere, di far valere i miei bisogni». Ci si chiude, il senso di identità viene attutito e dimentichiamo chi siamo. Quando proviamo delle emozioni, lo facciamo in maniera distaccata, quasi fossimo all'interno di un ologramma.

Se però riusciamo a far emergere paura e rabbia in modo virtuale, immergendoci nuovamente nelle situazioni del passato, potremo liberarci. Dobbiamo quindi manifestare questa paura, tornare indietro nel tempo, lì dove la memoria ci riporta.

La trasformazione energetica e psicosomatica di una persona che diventa cosciente del proprio essere è evidente e spesso potente. È come un picco di energia, capace di elevare visibilmente i livelli di vitalità e attività in particolare del sistema immunitario. Quando si riesce a riacquistare la consapevolezza globale di sé, le possibilità di guarigione saranno molte di più.

SEGRETO n. 25: essere quello che siamo, questa è la massima espressione della libertà.

I blocchi del quinto livello

Il quinto livello collegato alla gola, è la porta della verità e della libertà. La gola è il centro della respirazione e della comunicazione con tutto il corpo, ossia esprime all'esterno, ciò che sentiamo nel corpo, nelle sensazioni, nelle emozioni, nella mente e nell'anima. La sua principale caratteristica è la libertà, di vivere, di esprimersi, di pensare, di essere se stessi. Il quinto centro cerca di esprimere tutto il vissuto fisico, emozionale e psichico, la nostra vita, la nostra creatività, le nostre percezioni coscienti. La gola, infatti, assolve le funzioni di porta della comunicazione delle esperienze.

La gola è bloccata quando il nostro cuore e la nostra mente sono bloccati. La nostra mente non ci lascia esprimere tutto ciò che pensiamo, esprime giudizi, blocca i nostri pensieri nel corpo, li chiude in gola. Pertanto ci censuriamo e non ci azzardiamo a dire di più di quello che possiamo permetterci socialmente. Il sistema del quinto livello psicosomatico è il ponte che connette intelletto e sentimento.

Per via di questa fortissima connessione, quando ci impegniamo nell'analisi dei blocchi del quinto psicosomatico, dobbiamo necessariamente tenere in considerazione tutte quelle emozioni istintive originate da rabbia, tristezza e paura che alterano la nostra coscienza e che vanno riconvertite.

Il blocco delle emozioni e il respiro
Il respiro è profondamente influenzato dalle emozioni e dalla nostra psiche. L'inibizione della libera espressione della voce e delle proprie emozioni e opinioni provoca contrazioni dei muscoli del collo e della gola. La mancanza di affetto si manifesta invece con un caratteristico blocco della respirazione nella parte alta del torace, mentre la repressione dell'ira blocca più di sovente la parte

destra del diaframma e dei muscoli laterali del torace e della spalla, del braccio destro in genere, e dei muscoli della masticazione.

Ogni funzione vitale ed emozionale che viene inibita porta a un blocco muscolare e respiratorio. Liberare la gola dai blocchi più semplici è relativamente facile e comporta un notevole aumento della vitalità e della forza individuale. La tecnica per la liberazione dei blocchi di quinto livello deve necessariamente facilitare la libera comunicazione ed espressione emozionale profonda.

SEGRETO n. 26: esprimere tutto il vissuto fisico, emozionale e psichico, corrisponde alla libertà di vivere appieno la nostra identità.

I blocchi del sesto livello

Il sesto livello psicosomatico è relativo alla coscienza centrale dell'essere vivente. Quando l'essere umano è in armonia psicofisica, la coscienza si manifesta come presenza globale, consapevolezza delle varie attività e funzioni dell'essere. La liberazione dei blocchi psicosomatici del sesto livello comporta spesso un senso di insicurezza intellettiva, di inadeguatezza culturale, di limitazione intellettuale. Le persone si sentono stupide, non all'altezza, poco colte, non si fidano della propria intelligenza, delle proprie intuizioni, delle proprie comprensioni legate all'integrità interiore, alla consapevolezza del sé.

Di conseguenza, questi blocchi si manifestano come iperattività mentale, da cui derivano nervosismo, irrequietezza, insonnia, bassa percezione delle sensazioni del corpo e delle emozioni; oppure come ipoattività mentale, depressione, apatia, stanchezza, svogliatezza, e quasi sempre interessano a livello fisico la nuca e il collo.

Il blocco della nuca è il blocco posteriore classico del controllo mentale. In molti film la simbologia legata a questa parte del corpo è molto forte: ad esempio, in *Matrix*, dove il tubo della vita dell'altra dimensione viene inserito proprio nella nuca. Per risolvere il blocco emozionale occorre prendere coscienza di sé e dell'inibizione mentale che ci ha bloccato, comprendere quali sono le emozioni represse e decidere di esprimere la verità, di esternare le emozioni, liberando le paure che ci hanno causato l'inibizione.

Quasi sempre, facendo leva sul coraggio necessario a cambiare qualche cosa nella vita, le condizioni migliorano. Se vogliamo esaminare il lato psicologico di questa capacità reattiva, possiamo farlo identificandola come una sorta di "intelligenza emotiva".

Tra le numerose forme di intelligenza che sono oggi riconosciute dalla psicologia moderna manca l'intelligenza dell'essere, l'intelligenza vitale. Se definiamo l'intelligenza come la capacità della mente di risolvere problemi finalizzandoli a uno scopo, la sua forma più importante dovrebbe essere quella che permette a chi la esercita di vivere bene, di realizzare il proprio libero pensiero, la propria esistenza in modo integro, reale, di fuggire dalle situazioni oppressive e negative, di ricercare il proprio benessere globale.

La depressione, che non è una malattia ma uno stato di impotenza, potremmo definirla allora come un'assenza di intelligenza dell'essere o un'incapacità di renderla attiva. Per guarire dalla depressione, quindi, dovremmo riattivare la coscienza di noi stessi, sostenendo e credendo nella nostra propria intelligenza vitale.

SEGRETO n. 27: attraverso l'intelligenza emotiva possiamo risolvere situazioni oppressive.

I blocchi del settimo livello

Il settimo centro è connesso con la nostra dimensione più profonda, spirituale, è il legame tra noi e l'esistenza, la vita, il cosmo. Se sviluppiamo la coscienza nel silenzio, con la meditazione, la calma, la nostra presenza energetica si espande ben oltre i confini corporei, mettiamo in atto un contatto profondo con la vita e ci apriamo alla percezione di una coscienza più vasta.

Il sesto centro che abbiamo appena trattato è, per semplicità, associato alla funzione della ghiandola ipofisi, centro di comando e coscienza del corpo intero. Il settimo centro, invece, viene identificato con la ghiandola epifisi, responsabile dei ritmi fisiologici e neurologici, una funzione superiore, dal momento che regola cadenze più ampie che vanno oltre quelle individuali.

Il settimo centro è la porta verso la totalità del nostro essere. La chiusura di questo punto è dovuta alla paura di vivere, la paura di essere nel corpo, derivate da una vita troppo difficile, pesante, ai limiti della sopravvivenza. La chiusura è associata inoltre al blocco del primo centro e delle energie vitali ascendenti e quindi alla mancanza di una visione globale, profonda, obiettiva della propria vita. Legato al settimo livello è anche il concetto di "morte".

La morte è il distacco dalla nostra unità psicosomatica, la fine di questo ciclo di esperienza materiale sulla Terra. In tutte le vie spirituali, la morte rappresenta uno strumento di crescita, sia perché diventa una porta verso la dimensione ultraterrena, sia perché, quando siamo ancora vivi, ci ricorda il distacco, il disconoscimento di noi stessi.

Quando moriamo, l'ego si dissolve, il corpo si decompone nei suoi elementi costitutivi e lo stesso fanno i nostri ricordi, le emozioni, i pensieri. Nella tradizione spirituale egiziana, la vita dopo la morte veniva raffigurata come un grande spazio, in cui spiriti e dèi circondavano l'anima che aveva lasciato il corpo materiale e in cui al centro si trovava una bilancia. Servendosi di questa, si sceglieva la futura destinazione dell'anima, gli inferi o i regni spirituali. Su un piatto della bilancia era posata una piuma, sull'altro l'anima doveva mettere il proprio cuore. Un cuore più pesante di una piuma avrebbe decretato la discesa agli inferi, un cuore più leggero era la prova tangibile della spiritualità, dell'evoluzione dell'anima. Un cuore pieno d'amore, ma libero da legami.

Per vivere con un cuore leggero dobbiamo imparare l'arte del distacco, del vivere con la massima intensità e totalità ma, simultaneamente ricordare che questa vita è transitoria, che nulla resterà tranne l'amore.

Imparare a morire a volte rappresenta l'unica via per vivere. Quando finiscono le grandi storie d'amore, le amicizie più intense, quando perdiamo i nostri ruoli, i punti di riferimento, lì occorre morire… e rinnovarsi. Morire significa lasciare tutto, in particolare il nostro senso di identificazione, di coinvolgimento, di attaccamento. Chi lascia la dimensione angusta dell'io, ritrova il vasto oceano della coscienza. Il punto centrale di tutto è il cuore: il senso dell'identità reale.

SEGRETO n. 28: imparare l'arte del distacco ci dona la possibilità della massima evoluzione.

Il processo di crescita e le sue quattro fasi

- 1° fase: la consapevolezza dello stato di frammentazione in cui ci troviamo.

- 2° fase: il decondizionamento o liberazione da ciò che non è nostro.

- 3° fase: la riappropriazione o sviluppo del nostro potenziale umano.

- 4° fase: la realizzazione o consapevolezza globale di sé.

Questa è la sequenza temporale per la presa di coscienza di un individuo, e appare come un susseguirsi temporale, anche se in realtà le diverse fasi sono contestuali. La prima fase è quella della consapevolezza, ed è fondamentale. Significa acquistare coscienza del disagio. Chi prova un dolore fisico va dal medico e indica il punto che gli fa male: questa è la cognizione esteriore del dolore.

Lo stesso discorso vale per il disagio interiore. Ogni cosa avviene dentro di noi, non fuori. Chiaramente non stiamo parlando di quando prendiamo una storta alla caviglia o ci procuriamo una ferita. Ciò che a noi interessa, invece, è quello che avviene dentro. Per iniziare un cammino che consenta di sviluppare il potenziale umano è necessaria prima di tutto la coscienza del proprio stato.

Può anche essere una consapevolezza positiva come una presa di coscienza durante la lettura di un libro, durante una conversazione. Oppure la consapevolezza del negativo, la sensazione di star male e voler crescere, oppure la consapevolezza che esiste qualcosa che va "oltre" noi. «Io ho tutto, sto bene, ma sono in un momento di crisi. Sento che devo cambiare vita, fare qualcosa di nuovo.

Anche se non so che cosa». Questa consapevolezza ha un ruolo importantissimo, anche nei rapporti di amicizia.

Se riusciamo a trasmettere ciò che abbiamo imparato meditando o respirando ad altre persone, ne influenzeremo lo spirito positivo, permetteremo loro di comprendere che è possibile liberarsi dal negativo, daremo consapevolezza che esiste uno stato di unità più bello, più maturo, più umano.

La seconda fase, del disinquinamento, del decondizionamento, è il lavoro sul negativo, sull'ombra. Detto in modo semplice, è la fase di depurazione globale del corpo, delle emozioni e della psiche, da tutti i veleni, le tossine, le inibizioni e le informazioni negative che ci hanno condizionato fino a ora. È necessario ripulire il sistema e rimuovere le scorie psichiche (le nostre paure), e questo si può fare solo lavorando duramente e avendo consapevolezza del nostro sistema nervoso.

La paura è come un velo che copre la realtà. Bene! Togliamolo e affrontiamola. Cosa ci può succedere? Al massimo ci spaventeremo un po' di più. Normalmente dietro la paura, non c'è un altro timore, ma uno stato di emozioni che non vogliamo vedere. È come se ci trovassimo al buio, tra i fantasmi. Poi accendiamo la luce e tutto sparisce. Anche se abbiamo paura, riconosciamolo. È estremamente importante.

Noi siamo presenti, nonostante la nostra paura, con la nostra parte di forza. Sentiamo la rabbia, ma allo stesso tempo sentiamo anche la parte amorevole. Comprendiamo le varie emozioni che ci attraversano, ma sentiamo anche che dentro di noi c'è una parte in grado di bilanciarci. Questa parte costituisce metà del lavoro di ricostruzione, che può iniziare portando la consapevolezza in qualsiasi parte del corpo.

La terza fase è la riappropriazione. Corrisponde al parallelo lavoro sulla riapertura del corpo, delle energie, delle sensazioni, degli affetti, della mente, delle percezioni sottili e dell'esperienza del nostro essere in modo positivo. Quello che siamo adesso non è la nostra vera essenza. Qui parliamo dello sviluppo del potenziale umano, di cui non sappiamo nulla, al quale non abbiamo accesso. La cosa fondamentale da capire è che noi abbiamo dei potenziali positivi che non sono stati espressi e dei potenziali negativi che diventano paure e bloccano le possibilità. La paura è quella che non ti consente di tirare fuori l'energia, l'adrenalina. La paura cancella la forza.

A questo punto, è importante riconoscere quali sono i segnali del corpo e, allo stesso tempo, dare ai sensi la possibilità di ricevere le altre informazioni. Riconosciamo quali sono i nostri segnali: i suoni esterni, la sensazione di sentire la spina dorsale eretta, il calore della pelle. Portiamo l'attenzione su queste cose, perché comunque, in questo tipo di lavoro, la cosa fondamentale da capire è che non possiamo comunicare al meglio e vivere al meglio se non sappiamo chi siamo. Concentriamoci sul corpo e sulle sue sensazioni.

Difficoltà, paura, impotenza: sentiamo queste emozioni e portiamole più in profondità, come se ci dessimo il permesso di precipitarvi dentro. Esprimiamoci, chiediamoci chi siamo in questo momento. Questo lavoro si chiama focalizzazione intensiva. Se esprimiamo quello che proviamo senza giudizio, siamo presenti a noi stessi, non c'è separazione.

È molto importante avere la possibilità di muovere l'energia in questo modo, perché consente di sentire, percepire, vedere le nostre difficoltà del momento, ma anche le nostre risorse: il corpo ci può dare, continuamente, una visione olistica, totale di chi siamo ora. Sentire il corpo ed esprimerlo, elimina questa divisione tra corpo e mente.

Prendiamo in prestito dall'Oriente un tipo di percorso particolare, dove ci sono tre modi per esprimere il sentiero, il percorso o la via che non è altro che la vita:

- un disegno;

- una poesia;

- un racconto.

Vuol dire semplicemente che abbiamo la possibilità di trovare la maniera che ci è più congeniale per esprimerci, il modo di vivere e il modo di essere che ci vanno a genio. La ricerca della propria energia inizia col calarci nel nostro silenzio e nel diventare consapevoli di noi.

Attingiamo ancora al pensiero zen. Un'altra cosa interessante sono i quattro passi:

- la direzione;

- l'intenzione;

- lo stare con quello che trovi;

- l'esprimere.

La direzione è il "dentro", l'introspezione. L'intenzione è

fondamentale se veramente voglio sapere "chi sono", se veramente voglio andare in profondità. Lo stare con quello che troviamo è il punto centrale di quasi tutte le tecniche di meditazione: qualunque cosa troviamo, anche la più orribile, è quella che mi riporta in contatto con me stesso. Che sia la reazione, la rabbia, la paura, la gioia.

La chiave diventa a questo punto l'esprimere, l'essere totale nell'espressione, in modo da esprimere con consapevolezza qualunque cosa si trovi. Questo significa tornare al centro, tornare all'unità. È il punto fondamentale, per poi andare a esplorare tutti gli aspetti che si manifestano nell'esistenza.

Queste sono le quattro regole da utilizzare per ascoltarci. Ci sediamo, troviamo una posizione comoda, portiamo tutta l'attenzione al corpo e poi ascoltiamo.

In queste sessioni, abbiamo imparato alcune strategie per approfondire sia i nostri blocchi emotivi che la loro risoluzione. Abbiamo visto che, una volta identificato il problema, il lavoro più importante è quello di diventarne consapevoli e di creare una linea di crescita personale. Organizzate questa fase come se fosse la stesura di un vero programma per obiettivi. Voi tutti potete elaborare il vostro piano di crescita. Create un diario, scrivendo quali sono le cose che vi fanno paura, rabbia ecc. Scrivete le situazioni che vorreste cambiare, dedicate una pagina a ognuna di queste cose, poi elaborate una strategia per superare ansie, paure: siate creativi.

Ad esempio, potreste superare la paura di parlare in pubblico o del giudizio degli altri, magari leggendo ad alta voce in presenza di amici, oppure partecipando alla recita di vostro figlio come personaggio della storia. Insomma, le strategie sono mille e tutte divertenti. Lasciatevi andare, mettetevi in gioco, questo è uno degli stratagemmi più utili per combattere il disagio.

SEGRETO n. 29: chiediamoci cosa la vita vuole da noi, mettiamoci in gioco ed elaboriamo il nostro piano di crescita.

RIEPILOGO DEL GIORNO 3:

- SEGRETO n. 22: la paura è uno dei nostri alleati più importanti perché nasconde la soluzione ai nostri problemi.

- SEGRETO n. 23: lasciamo che l'energia primaria, del qui e ora, ci restituisca il piacere di vivere.

- SEGRETO n. 24: impariamo a sciogliere i blocchi del giudizio con fiducia e positività.

- SEGRETO n. 25: essere quello che siamo, questa è la massima espressione della libertà.

- SEGRETO n. 26: esprimere tutto il vissuto fisico, emozionale e psichico, corrisponde alla libertà di vivere appieno la nostra identità.

- SEGRETO n. 27: solo dedicandoci con impegno a migliorarci saremo in grado di definire il nostro percorso di crescita personale.

- SEGRETO n. 28: convertire le credenze negative in opportunità, accelera la crescita personale

- SEGRETO n. 29: chiediamoci cosa la vita vuole da noi, mettiamoci in gioco ed elaboriamo il nostro piano di crescita.

GIORNO 4:

Come utilizzare l'analisi olistica dei sogni

Il lavoro sui sogni è un lavoro tipico del processo di crescita personale che inquadra le rappresentazioni oniriche in modo molto diverso da quello ordinario. L'analisi olistica dei sogni è una pratica complessa, che fa capo a differenti scuole, orientata a risvegliare la coscienza centrale della persona attraverso la consapevolezza dei suoi condizionamenti, desideri, caratteristiche e limitazioni.

Partiamo dalla considerazione scientifica più riduttiva che i sogni siano essenzialmente delle rivisitazioni neurofisiologiche dei vissuti della giornata e quindi delle rielaborazioni di emozioni non completamente assorbite, di paure non risolte o di pensieri e progetti non terminati che riecheggiano nella nostra mente e che di notte trovano nel sogno una possibile espressione.

A questa considerazione di base aggiungiamo tutta la componente psicologica più analitica e simbolica che, a partire dalla scuola psicoanalitica di Freud, giunge ai giorni nostri. Su questa base entreremo nei dettagli con l'analisi dei sogni su differenti livelli.

L'analisi dei sei livelli del sogno

Per una vera analisi olistica del sogno, possiamo utilizzare il modello olistico dell'essere umano, cioè la sua unità profonda e i suoi differenti livelli di esistenza: un livello fisico, un livello energetico, un livello emozionale, un livello mentale, e un livello spirituale, più il sesto livello che corrisponde all'incontro con il Sé.

Sogni fisici (1° livello)

Il corpo ha dei bisogni e delle pulsioni: se abbiamo fame, sogniamo di aver fame. Anche quando la testa è contraria, c'è qualcosa nell'inconscio che esce energeticamente come azione diretta nel sogno e "trasmette" messaggi e segnali.

Sogni sensoriali (2° livello)

Sono i sogni del presente, legati alle sensazioni di piacere o disagio, di rilassamento o fatica. Spesso sono sogni legati a situazioni di relazione affettiva. Sono semplici, banali rivisitazioni delle situazioni della giornata appena trascorsa, sogni di ambientazione normale. Dietro le atmosfere di questi sogni emergono i caratteri delle energie. Sono i classici sogni che evocano i quattro elementi, dei quali ve ne sarà uno in eccesso o in difetto.

Quando sognate l'elemento acqua, sognate il mare alto o una palude. Quando sognate l'elemento aria, sognate troppo vento, una tempesta o di non riuscire a respirare. Questo significa che l'elemento aria nel vostro corpo è in eccesso o in difetto. Se sognate di avere difficoltà di respiro, significa che l'elemento aria in voi ha un vuoto energetico. Così per l'elemento terra, se sognate una valanga di melma o al contrario una mancanza di equilibrio, non avete il terreno saldo sotto i piedi. Oppure l'elemento fuoco, in sogni in cui brucia la casa o in cui avete freddo. In questo tipo di rappresentazioni oniriche, l'elemento energetico, le sensazioni fisiche, possono diventare simboliche.

Sogni emozionali (3° livello)
Mentre i primi due tipi di sogno sono quasi sempre nel presente o nell'immediato passato, i sogni del terzo livello, oltre a darci le

impressioni emotive del presente ci permettono di viaggiare anche nel passato, fino all'infanzia.

Oltre agli elementi reali che contengono, questi sogni hanno un "tono" emozionale di fondo, una loro specifica "atmosfera emozionale", che vedremo poi con maggior chiarezza. In questo caso l'associazione simbolica non è più legata a un bisogno fisico o a un bisogno energetico sensoriale, ma a un bisogno emozionale forte, impetuoso che può essere mediato dalla parte conscia. Ci fanno rivivere "virtualmente" le nostre paure e i nostri desideri. In questi sogni si esprime anche il rapporto con la nostra infanzia.

Sogni mentali (4° livello)
Queste rappresentazioni oniriche sono molto importanti perché sono i sogni dei condizionamenti della nostra mente. A volte sogniamo la nostra casa, la nostra relazione, il nostro lavoro e abbiamo all'interno una serie di elementi, reali, immaginari o simbolici, che caratterizzano i blocchi di coscienza, di comportamento, i vissuti negati della nostra vita, come, ad esempio, sognare di essere aggrediti e di non riuscire a reagire e a parlare.

Questa è la rappresentazione simbolica di una situazione, della nostra vita reale, nella quale non riusciamo o non possiamo parlare. Analizzando il motivo per cui non riusciamo a parlare pronunciare le parole, nel sogno, come nella realtà, si evidenziano condizionamenti, figure autorevoli della nostra infanzia che ci impedivano di esprimerci.

Sogni spirituali (5° livello)
Questa parte onirica coinvolge l'anima. Non sogniamo più col corpo, sogniamo con la nostra essenza, la nostra anima, che vive un altro contesto. I sogni spirituali più semplici sono caratterizzati da grande senso di pace, di estrema luminosità, di bellezza e gioia. Tutto è perfetto e noi avvertiamo una calma rigenerante.

A questo livello appartengono anche i sogni cosiddetti "lucidi", in cui, quando si sogna si ha la consapevolezza di stare sognando, per cui si stabilisce di fare quello si vuole, di decidere della propria vita, di avere la possibilità di scegliere. Anche questo tipo di sogno hai dei riferimenti alla quotidianità, ad esempio potremmo doverci "svegliare" nel gestire un settore della nostra vita in modo più incisivo.

Incontro con il nostro Sé (6° livello)

Sono sogni di espansione della nostra coscienza, in cui abbiamo la percezione delle cose, riusciamo quasi a prevedere il nostro futuro, conosciamo ciò che è meglio per noi, sappiamo, in modo lucido e chiaro, che cosa dobbiamo fare e come dobbiamo cambiare. Possiamo considerarli come una piccola illuminazione, la presa in carico della nostra parte divina che comincia a guidarci.

Partiamo dalla considerazione che la mente è virtuale, ossia che il cervello, attraverso le fantasie e i sogni, rappresenta una bolla psichica, un "ologramma" della realtà, che ci appare a tutti gli effetti realistico, come quando, ad esempio, sogniamo una situazione di paura e ci svegliamo terrorizzati e grondanti sudore, come se fosse stato tutto vero. Usiamo la parola ologramma per identificare una "bolla" di esperienza psichica completa, dove abbiamo sensazioni fisiche, emozioni, sentiamo musiche o profumi particolari, abbiamo percezioni psichiche complesse.

Il cervello, quando sogna o quando entra in un processo di regressione, ci dà l'illusione di essere davvero in quella realtà, autentica o immaginata che sia, proprio come se fosse tutto vero. Questo significa che, se utilizziamo la capacità mentale di creare sogni e ricordi e poi entriamo consapevolmente in questi "ologrammi", possiamo trasformare le vere radici psichiche che stanno alla base di un problema, di un trauma o di uno shock.

SEGRETO n. 30: la mente utilizza ologrammi della realtà, su questi noi possiamo intervenire per modificare in meglio il nostro stato.

La mente virtuale

Il sogno rappresenta quindi un'enorme opportunità "virtuale" di trasformazione e di evoluzione umana. Il sogno ci permette di entrare nelle parti profonde del cervello, le immagini che si aprono nel sogno sono reali. La visione olografica della psiche di giorno ci fa vedere delle cose che possono essere reali o nostre proiezioni, lo stesso di notte. È come se noi sognassimo di notte nel sogno e di giorno nella realtà. Quindi, una persona che sogna di avere una crisi di panico, su un problema che non c'è, può avere la stessa paura anche di giorno, su un pensiero o un problema che comunque non esiste.

A livello onirico profondo, ogni cambiamento può creare anche una trasformazione di stato, una "rottura del vecchio equilibrio", una modificazione che muta le radici della mente e che porterà a un differente futuro. Positivo o negativo. Ad esempio, i traumi possono essere considerati come dei "tabù" psichici, delle interruzioni di un ciclo vitale e naturale di comportamenti, emozioni, pensieri.

Per infrangere questi tabù dobbiamo, in un certo senso, cambiare l'intera struttura della nostra coscienza. Possiamo rivivere il sogno, dove cambiamo comportamento e strategia di vita e contemporaneamente siamo coscienti, consapevoli e registriamo a livello inconscio questa procedura. Una delle componenti più interessanti dell'analisi olistica del sogno è la consapevolezza del tono emozionale.

Dopo aver riflettuto sul nostro sogno, domandiamoci qual è l'emozione di fondo che abbiamo percepito nell'intera situazione che abbiamo rappresentato a livello onirico. Qui potremmo accorgerci che l'elemento emozionale, a volte, è completamente separato dal contesto psicologico personale. Magari avete sognato di essere al mare, sulla spiaggia, tranquilli in compagnia della vostra famiglia, tutto apparentemente sereno.

Ma forse, se andate a ripercorrere le emozioni che avete provato, potreste sentire che in quel momento avevate un'ansia tremenda, un grande disagio. L'analisi del tono emozionale quindi si rivela fondamentale per interpretare la parte emozionale più profonda che il sogno ci segnala e arrivare, così, più velocemente alle radici del problema. Come nel modello olistico di essere umano abbiamo un sé osservante centrale e degli "io", cioè delle personalità esterne, così nel sogno abbiamo un osservatore centrale che testimonia gli eventi, un io principale e delle sub-personalità che interpretano le varie parti del dramma onirico.

Normalmente l'io principale è il protagonista, la personalità primaria con cui ci identifichiamo, e le personalità secondarie, sono gli elementi del sogno con cui ci relazioniamo o anche contro cui ci opponiamo.

Tutto il dramma onirico avviene dentro di noi, nella nostra mente. Noi siamo il regista occulto, il protagonista e gli attori. Il sogno è quindi una vera messa in scena virtuale in cui noi prendiamo in prestito le fattezze di amici, genitori, amanti, personaggi più o meno conosciuti e decidiamo come animarli, come fossero veri attori. Ma dobbiamo ricordare che ogni personaggio del sogno non è in alcun modo reale e autonomo bensì una parte di noi, un elemento che abbiamo interiorizzato nella nostra mente più o meno consciamente, e che facciamo o lasciamo agire nel nostro sogno.

SEGRETO n. 31: il nostro subconscio trasporta le sue informazioni attraverso il sogno, e ogni personaggio della rappresentazione onirica è una parte di noi.

Affrontiamo ora la parte che riguarda le identificazioni del nostro io con la mente. Sappiamo che la "coscienza" può essere definita un sinonimo di Sé, identità profonda, anima, consapevolezza o percezione dell'essere. La coscienza, il Sé, è quel senso di identità che non cambia con il mutare del corpo, delle emozioni o della mente, nei diversi periodi della nostra vita e dà la sensazione di essere sempre se stessi. Chiamiamo "io", "ego" o "personalità" quella identificazione mentale, carica di giudizi polari (buono/cattivo), basata su identificazioni familiari del tipo "io sono della famiglia XY", "io sono un americano" o ancora basata su schemi di valore sociale sul modello "io sono buono e studioso", "io sono un buono a nulla", "io sono uno spazzino", "io sono un professore".

L'io è sempre caratterizzato da giudizi e valori familiari, sociali, religiosi, che creano una costante tendenza a inibire certi comportamenti o funzioni e a svilupparne altri. E così tendiamo a strutturare e a schematizzare e vengono fuori espressioni come: "io sono uno che ama gli… ma odia le…", "io non posso fare…".

Con le tecniche che fin qui abbiamo esposto, è possibile iniziare a trasformare tutti questi schemi e sovrastrutture che ci portiamo dietro da tempo immemorabile.

La conoscenza di se stessi è ben poco considerata nella nostra società e così la maggior parte degli esseri umani neppure sospetta di avere talenti e capacità latenti che potrebbero essere coltivati ed espressi con grande beneficio individuale e collettivo. E anche coloro che si conoscono un po' più a fondo e intuiscono di avere delle capacità, spesso non riescono a manifestarle, per timidezza, per paura del giudizio altrui, per mancanza di autostima, per un'educazione troppo rigida e repressiva.

Libri e conferenze, per molti, rappresentano il primo passo per avvicinarsi alle tematiche della crescita personale. Per quanto utilissimi, questi due strumenti hanno necessità assoluta di essere considerati come la spinta a un vero e cosciente impegno a migliorare il proprio stato. Occorre dedicarsi, in modo serio e determinato, a iniziare un vero e proprio percorso, commisurato a ciò che dobbiamo rivedere della nostra psiche, della nostra vita, delle nostre scelte. Dedichiamo del tempo quindi, a individuare in quali settori i nostri disagi si manifestano più frequentemente.

Valutiamo poi, quale deve essere il primo passo su questa nuova strada. Potremmo iniziare con un percorso di autoconoscenza e di consapevolezza, come trasformare le nostre emozioni, il modo per migliorare le relazioni o l'acquisizione di strumenti per sviluppare il potere personale e la creatività.

SEGRETO n. 32: solo dedicandoci con impegno a migliorarci saremo in grado di definire il nostro percorso di crescita personale.

Molto spesso, i nostri pensieri, le azioni e perfino i nostri atteggiamenti, sono condizionati da meccaniche esterne che hanno preso il sopravvento sul nostro modo di ragionare e di porci verso l'esterno. Riconoscere la presenza del cosiddetto "giudice interiore" e divenire consapevoli delle conseguenze spesso distruttive di tale presenza è assolutamente vitale.

Se prestiamo un po' d'attenzione, non è difficile vedere e sentire come la nostra vita quotidiana sia costantemente piena di giudizi verso noi stessi, gli altri e la realtà che ci circonda. A causa del continuo dialogo interiore, non soltanto la nostra attenzione si sposta dal momento presente e dall'esperienza esistenziale, ma anche la nostra percezione è completamente offuscata dall'imposizione di valori vecchi e ricevuti da altri.

Questo dialogo interiore ci mantiene, inoltre, in uno stato quasi continuo di conflitto e di reattività. Il superego (quello che abbiamo precedentemente definito giudice interiore) è la parte più strutturata della nostra psiche e si manifesta attraverso una rete di tensioni fisiche ed emozionali. Continuiamo a essere bambini impauriti dal mondo, dalle relazioni, dal sesso, dalla libertà, dal crescere, dipendenti dall'approvazione e dal riconoscimento altrui, soprattutto del nostro giudice che non è altro che l'interiorizzazione delle figure di autorità dell'infanzia. Se non facciamo i conti con il nostro superego, crescita e trasformazione avverranno con molta lentezza e difficoltà.

La libertà di essere se stessi ci suggerisce tre punti in base ai quali si affrontano le tematiche essenziali riguardanti la presenza del giudice interiore.

Prima di tutto, conoscere il giudice interiore permette di mettere a fuoco l'origine di questa struttura psichica in relazione all'ambiente familiare, di mettersi in condizione di esplorare le difese inconsce, le forme di autopunizione, come il senso di colpa e la vergogna, e di focalizzare l'attenzione sull'importanza di assumere la responsabilità della propria vita e la capacità di riconoscere il proprio valore intrinseco.

In secondo luogo, potremo individuare l'immagine del Sé ed entrare in contatto con la nostra parte centrale. Essa ha a che fare con il senso di identità e quello che crediamo di essere e affronta la questione delle rappresentazioni interiori che ci siamo creati nell'infanzia e che continuiamo a credere corrispondere alla nostra vera essenza.

Lo stato di tensione interiore e il vivere attraverso immagini strutturate nel passato, creano una fondamentale dissociazione dalla realtà e un senso di instabilità, di mancanza di consistenza. In parole povere, non sappiamo chi siamo veramente, facciamo finta di saperlo, coprendo noi stessi con la maschera della personalità.

Infine, si tratta di comprendere il modo in cui questo approccio alla realtà ci faccia vivere in uno stato mentale, fisico ed emotivo, di scarsità e mancanza. Quando la consapevolezza individuale è radicata nel presente e prende il posto delle vecchie regole imposte dal passato e dalla paura della sopravvivenza, il mondo si rivela un luogo misterioso e abbondante, un fluire di opportunità guidato da una forza evolutiva di cui siamo parte. Scompaiono allora le resistenze e le lamentele e cominciamo a vivere e a gioire dell'avventura di esistere qui e ora.

Compito di questi tre passi è ripulire la dualità negativa, guarire e maturare l'io emozionale e intellettuale per giungere così al giusto equilibrio. La nostra epoca è caratterizzata da tendenze autodistruttive che si manifestano con sempre maggior chiarezza. L'odio per noi stessi e i conflitti di personalità sono diventati il quotidiano individuale e si sono trasferiti anche nel sociale.

Questo comportamento disumano nasce sempre dal sentimento di non sentirsi amati. Anche da adulti ci comportiamo secondo modelli che abbiamo imparato durante l'infanzia, inseguendo la necessità di conquistare l'amore dei genitori.

Per il bisogno non colmato di accettazione, di affetto, di tenerezza e amore per noi stessi, così come siamo, continuiamo a comportarci come pensiamo vogliano i nostri genitori e imploriamo tacitamente la loro attenzione.

Poi, se il metodo di adottare le loro caratteristiche non funziona, ci ribelliamo, per cercare di avere almeno la loro attenzione negativa e la conseguenza della ribellione è la vergogna, il senso di colpa, l'autopunizione.

È possibile che vi siano dei punti in comune tra tutti i disagi di questo tempo. Può essere che nell'infanzia della maggior parte dei bambini non sia stata riconosciuta né sostenuta la loro essenza profonda. Le persone, a causa di queste mancanze, hanno adottato pseudo-caratteristiche che a un certo punto accettano come una realtà impossibile da cambiare. Noi siamo formati da quattro aspetti: emozione-intelletto-spirito-corpo.

Vediamo che le parti programmate nell'infanzia sono la sfera emozionale (paura, cocciutaggine, vizi, invidia, gelosia, gioia, giochi) e intellettuale (controllo, analisi, superbia, opportunismo, decisione). E la parte spirituale, la nostra essenza, l'aspetto collegato all'universo, al tutto, al lato che non giudica ma accetta semplicemente, la parte che è, che sa, è quasi sempre coperta dai comportamenti coercitivi delle prime due.

Il corpo infine, che riflette tutto quello che succede dentro di noi, subendone le conseguenze: è curvo, si ammala, oppure è aperto, la bocca sorride e il cuore è leggero.

SEGRETO n. 33: tutti gli aspetti di noi (emozione-intelletto-spirito-corpo) concorrono a renderci esseri umani completi.

Come abbiamo già detto, esistono diversi sistemi per lavorare sui blocchi emotivi e sui disequilibri. Ricordate l'esperimento delle cavie citato in precedenza? I topi, in presenza del fondo elettrificato della gabbia, tendevano ad accucciarsi in un angolo e a irrigidirsi restando immobili: era scattata in loro l'inibizione all'azione. Negli esseri umani questo accade quando non riescono a trovare la via d'uscita di una situazione.

Il bambino che non si sente amato e accettato dai genitori, ma sa di essere troppo piccolo per andarsene, si inibisce, si chiude in se stesso e questo atteggiamento di chiusura si ripresenterà quando dovrà prendere decisioni in età adulta. Vi sono centinaia di inibizioni all'azione, sono i tabù della nostra società: essere aggressivi con i genitori, lasciarsi andare, rispondere a un superiore, dire di no, parlare a tante persone in pubblico.

Possiamo tuttavia liberarci da queste inibizioni in un modo molto semplice, basta agire!

Ogni stato emotivo (amore, paura, piacere, dolore, ansia, ira…), con le sue complesse sfumature chiamate sentimenti, è veicolato nel corpo da specifici recettori. Questo significa che l'intero corpo "pensa", che ogni cellula del corpo "sente" e prova "emozioni", elabora le proprie informazioni psicofisiche e le trasmette alle altre attraverso una fittissima rete di comunicazioni di estrema varietà. Tutto il corpo è vivo, intelligente e cosciente. Con il termine psiconeuroimmunologia si indica lo studio di come la psiche, il sistema nervoso centrale e il sistema immunitario si influenzino vicendevolmente. La mente ha un ruolo attivo nella guarigione. Recenti scoperte, infatti, hanno evidenziato una profonda interrelazione tra mente, cuore e cervello.

Le emozioni e le sensazioni non solo sarebbero alla base del processo di memorizzazione delle esperienze, ma anche responsabili della maggior parte dei meccanismi neurofisiologici che regolano o bloccano il funzionamento dell'intero organismo vivente. Numerosi studi dimostrano che le tecniche antistress e meditative hanno effetti importanti sulla salute. Se correttamente apprese e praticate regolarmente, aiutano a risolvere disturbi dell'umore (ansia e depressione), ma anche ipertensione e malattie infiammatorie di origine autoimmune.

Il modo, ottimista o pessimista, di spiegare gli eventi sfavorevoli incide notevolmente sulla qualità della vita di una persona. Addirittura potrebbe, se osservato in giovane età, predire che futuro stato di salute ed equilibrio psicologico avremo da adulti.

Analizzando i vari fattori dell'atteggiamento negativo, potremmo inserire, oltre al necessario ricorso a un percorso di miglioramento personale, anche il fatto che questo potrebbe essere legato a una scarsa capacità di risolvere i problemi e quindi alla tendenza ad avere problemi seri. Da questo deriverebbe una certa vulnerabilità alle malattie. Oppure si potrebbe verificare una diminuzione dei contatti sociali e anche questo favorirebbe patologie e depressioni. Il senso di impotenza legato al pessimismo, poi, potrebbe alterare le funzioni del sistema immunitario.

SEGRETO n. 34: convertire le credenze negative in opportunità accelera la crescita personale.

Sembra che l'ostilità e la sfiducia siano un fattore chiave per predire malattie cardiache e disturbi simili. Tuttavia la personalità e l'ambiente sono molto importanti, e cambiare il modo in cui guardiamo la vita può aiutarci a ridurre notevolmente lo stress, migliorando la qualità dei rapporti. Per realizzare un'interiorità più sana qualche piccolo suggerimento può essere utile:

- controlliamo i nostri pensieri cinici, cerchiamo di ribaltarli in modo costruttivo;
- sforziamoci di fermare i pensieri negativi mentre si stanno formando;
- confessiamo a noi stessi e riconosciamo la nostra ostilità;
- esaminiamo le situazioni nel modo più possibile obiettivo;
- proviamo a metterci nei panni degli altri;
- impariamo a ridere di noi stessi, non prendiamoci troppo sul serio;
- impariamo a rilassarci;
- pratichiamo la fiducia;
- impariamo ad ascoltare;

- impariamo a essere assertivi e, quando sorge una situazione difficile, affermiamo il nostro punto di vista con calma, piuttosto che reagire aggressivamente;
- immaginiamo che oggi sia il nostro ultimo giorno di vita in modo da ridimensionare la nostra ostilità;
- cerchiamo di praticare il perdono.

La rinuncia a cambiare, a migliorarci, è ormai divenuta quasi inconsapevole e sembra essere alla base del malessere generalizzato di cui, chi più chi meno, tutti conosciamo gli effetti negativi. Dietro la famosa sindrome da stress, dietro la mancanza della gioia di vivere, dietro la noia e l'indifferenza diffusa, ci sono emozioni e frustrazioni represse e compresse che costituiscono il potenziale terreno dell'indebolimento vitale. Quando la mente sta male, il corpo ne soffre e il cervello lavora in maniera squilibrata e disarmonica.

Quando una coscienza è in armonia con se stessa, l'attività elettromagnetica del cervello diventa equilibrata: lo dimostrano i risultati ottenuti studiando gli stati di meditazione, i quali producono condizioni armoniche e integrate ottimali nel fisico.

Nuove sperimentazioni hanno confermato precedenti scoperte secondo cui l'emisfero cerebrale sinistro è attivamente impegnato nell'elaborazione delle emozioni positive, mentre il destro è associato a quelle negative.

Meno attento è l'uomo alle proprie emozioni e più le sue sensazioni si specializzano e radicano in ciascuno degli emisferi cerebrali. Inoltre l'emisfero sinistro governerebbe i comportamenti di avvicinamento, la cura dei dettagli, mentre il destro l'allontanamento e lo studio veloce della visione d'insieme.

Normalmente si ritiene che la dilagante presenza di disturbi e malattie psicosomatiche, dalle disfunzioni, allo stress, alle depressioni, sia l'evidenza di una bassa comunicazione e integrazione tra le due parti del cervello. In breve, l'attività a bassa coerenza del nostro cervello, rispecchia la frammentazione della nostra vita e della nostra cultura che si manifesta con un alto livello di disequilibrio e incomunicabilità sociale.

Nella visione olistica dell'essere umano, l'elemento più significativo della crisi moderna è il vuoto che si sperimenta quando si nasce e si vive senza l'energia positiva dell'accettazione, senza il riconoscimento del proprio Sé, della propria individualità profonda. Ritorniamo quindi al concetto che, molte delle nostre carenze, dubbi, chiusure e problemi relazionali, hanno la loro radice nella "non- accettazione" di noi stessi.

SEGRETO n. 35: il vuoto è provocato dalla mancanza di accettazione, mentre la coscienza cresce attraverso il riconoscimento e il rinforzo di sé.

Le osservazioni degli psicologi confermano che la grande maggioranza delle persone racconta di essere nata e cresciuta da genitori poco consapevoli e di percepire una cronica mancanza di "riconoscimento del Sé", che inibisce l'amore, l'accettazione e la stima di se stessi e che viene vissuto come l'esperienza più dolorosa della propria vita. Il non riconoscimento di sé genera il trauma centrale dell'identità, può avvenire in un istante o in anni di vita, e da esso derivano innumerevoli forme di disagio interiore o psicosomatico: sfiducia in se stessi e nei genitori, senso di tradimento, solitudine, senso di non aver diritto a esistere, paura dell'abbandono.

Se la coscienza di sé rappresenta il principale elemento che genera e mantiene il senso di unità psicofisica, l'inibizione di questa coscienza è il trauma centrale che genera i tre blocchi psicosomatici più importanti: la frammentazione tra corpo, cuore e mente. Descriviamoli in sequenza.

- La chiusura del Sé e del cuore: è il principale blocco in quanto il cuore è associato alla autocoscienza che si chiude o inibisce la sua azione per il forte dolore, la paura, la sfiducia, l'impossibilità di agire spontaneamente. La sua chiusura provoca mancanza di umanità e di senso della vita, difficoltà nel condividere sentimenti di affetto e di empatia.

- L'iperattività della mente: ciò che non può essere vissuto spontaneamente col cuore deve essere immediatamente controllato a livello razionale. L'io della mente, staccato dal Sé, sostituisce il Sé stesso e controlla le emozioni e il corpo attraverso le convinzioni del super-io (giudice interiore).

- Il controllo e l'inibizione del corpo e del piacere di vivere, l'eccessivo controllo mentale e la chiusura affettiva-emozionale portano all'inibizione della vitalità, dell'istintività.

Abbiamo fin qui trattato le cause, le manifestazioni e le

congestioni emotive che derivano da stati di paura, ansia, panico. Abbiamo visto quale sia la loro origine e la loro trasposizione nella nostra vita quotidiana.

Certamente non è cosa semplice avvicinarsi a un percorso di questo tipo, iniziare cioè una vera e propria revisione del nostro vissuto per poter individuare i punti da sciogliere e le credenze da cambiare. Da tutto quello di cui abbiamo parlato fino a ora emerge un dato incontrovertibile: è possibile cambiare in meglio ogni situazione emotiva psicologicamente dannosa per noi. A partire dalla nostra nascita, via via crescendo, noi siamo il risultato di innumerevoli condizionamenti imposti, trasmessi o semplicemente accettati inconsciamente.

Questo non fa di noi persone deboli, bensì ci dà la consapevolezza e la possibilità di riemergere e fortificarci attraverso la trasformazione delle nostre paure, delle nostre ansie e delle nostre convinzioni errate sul mondo che ci circonda, nelle relazioni con gli altri e prima di tutto con il nostro Sé, il nostro subconscio. Ho voluto iniziare questo ebook, spiegando al meglio, dal punto di vista fisico e poi psicologico, qual è l'origine dei molti disagi frequenti ai giorni nostri. Questo perché, partendo dall'esame della loro manifestazione, delle loro interazioni e dalla loro incidenza sul nostro vivere, era molto più semplice arrivare a capirne le motivazioni e i meccanismi nascosti.

Se da un lato noi siamo il risultato di come abbiamo pensato, sperimentato e vissuto fino a ora, dall'altro abbiamo la possibilità di esercitare la nostra comprensione, la nostra razionalità e la nostra intelligenza emotiva per migliorare il nostro modo di vivere e di conseguenza, alzare il livello della qualità di tutto ciò che facciamo, pensiamo e trasmettiamo. La prima parte del libro, dunque, ha voluto impostare il quadro di ciò che stiamo studiando.

Nella seconda sezione ci impegneremo a individuare al meglio tecniche ed esercizi per trasformare ciò che ci impaurisce, ciò che ci angoscia e ciò che ci limita in armi portentose che si riveleranno utilissime per noi. Impareremo preziosi strumenti per progredire, per crescere, per essere liberi di essere noi stessi e vivere in totale pienezza ciò che siamo. Sappiamo quindi quali sono i maggiori scogli che ci hanno impedito di attuare questo cambiamento. Sappiamo anche, adesso, che non solo è possibile attuare un cambiamento, ma che è anche possibile oltrepassare la soglia illusoria dei limiti che ci autoimponiamo, senza ragion veduta. I limiti autoimposti, le credenze negative, la paura, l'ansia di essere accettati, il timore di venire costantemente giudicati e di non essere all'altezza delle situazioni, sono elementi fondamentali che possono essere "usati" per ribaltare, letteralmente, situazioni che prima ci apparivano senza via d'uscita o difficili da modificare.

Siamo nel terzo millennio, la scienza sta facendo passi da gigante e noi, come esseri umani coscienti, non possiamo non accogliere questo fermento, questa sfida a cambiare, questa disponibilità a capire cose che fino a ora sembravano solo peregrinazioni intellettuali. L'energia esiste in natura, nell'essere umano e nell'universo. Impareremo a gestirla in modo consapevole e costruttivo. Inizia ora una bella avventura per la nostra coscienza.

Vi raccomando, nel proseguimento della lettura della seconda parte, di concedervi molto tempo per la ripetizione degli esercizi che sono suggeriti, perché è davvero importante che acquisiate sicurezza nel praticarli. Saranno veramente utili solo se eseguiti con convinzione e costanza. Come sempre, il cambiamento parte da noi, la volontà di migliorare deve essere il motore che ci spinge a cercare sempre il meglio per la nostra persona. Buon lavoro!

SEGRETO n. 36: con convinzione e costanza è possibile attuare un cambiamento e oltrepassare i limiti che ci autoimponiamo.

RIEPILOGO GIORNO 4:

- SEGRETO n. 30: la mente utilizza ologrammi della realtà, su questi noi possiamo intervenire per modificare in meglio il nostro stato.

- SEGRETO n. 31: il nostro subconscio trasporta le sue informazioni attraverso il sogno, e ogni personaggio della rappresentazione onirica è una parte di noi.

- SEGRETO n. 32: solo dedicandoci con impegno a migliorarci saremo in grado di definire il nostro percorso di crescita personale.

- SEGRETO n. 33: tutti gli aspetti di noi (emozione-intelletto-spirito-corpo) concorrono a renderci esseri umani completi.

- SEGRETO n. 34: convertire le credenze negative in opportunità accelera la crescita personale.

- SEGRETO n. 35: il vuoto è provocato dalla mancanza di accettazione, mentre la coscienza cresce attraverso il riconoscimento e il rinforzo di sé.

- SEGRETO n. 36: con convinzione e costanza è possibile attuare un cambiamento e oltrepassare i limiti che ci autoimponiamo.

GIORNO 5:

Come creare la nostra realtà

Ogni persona ragionevole e ottimista non vuole soltanto attraversare la vita, ma desidera svilupparsi, migliorarsi, vivere meglio. Questo sviluppo, alla luce delle ultime affermazioni, può avvenire solo attraverso il miglioramento della qualità del pensiero individuale, della nostra scala di valori e delle azioni e condizioni che nascono di conseguenza. Ogni cosa che vediamo intorno a noi, creata dall'uomo, è esistita prima come pensiero in qualche mente umana: il pensiero è quindi costruttivo. Il pensiero umano è il potere spirituale del cosmo che opera attraverso l'uomo, e le cose o le condizioni che vogliamo diventino reali, dobbiamo prima crearle nella nostra mente. Ogni idea tende a diventare una cosa materiale, i nostri stessi desideri quindi sono destinati a prendere forma e a crescere. Abbiamo questi pensieri ogni giorno, distribuiamo continuamente questi semi, ma quale sarà il raccolto? Ognuno di noi oggi è il risultato del suo pensare passato. In futuro, saremo il risultato di quello che stiamo pensando adesso.

Noi creiamo la nostra personalità, il nostro carattere e il nostro ambiente attraverso il pensiero. Noi attraiamo le correnti con le quali siamo in armonia: stiamo scegliendo quelle che ci aiuteranno a raggiungere quello che ci prefiggiamo? La domanda fondamentale è questa. Immaginate cosa diventerà possibile nel momento in cui comprenderemo che la mente ha un così grande grande potere creativo.

Nessuno è mai stato creato senza il necessario potere di aiutare se stesso. La personalità che riesce a comprendere il valore del proprio potere intellettuale e morale sicuramente riuscirà ad arrivare al proprio equilibrio. Le difficoltà, le disarmonie, gli ostacoli indicano che stiamo rifiutando di rinunciare a quello di cui non abbiamo più bisogno, oppure che non stiamo accettando quello di cui abbiamo necessità.

La crescita si ottiene attraverso uno scambio del vecchio col nuovo, del buono col migliore: è una condizione di azione reciproca. Non possiamo ricevere ciò di cui abbiamo bisogno se ci aggrappiamo tenacemente a quello che siamo o abbiamo. Le circostanze che si verificano nella nostra vita hanno il pregio di portarci solo quello che può esserci vantaggioso.

Noi siamo in grado di controllare coscientemente le nostre condizioni nella misura in cui ci rendiamo conto dello scopo di ciò che attraiamo, e siamo capaci di ricavare da ogni esperienza solo quello di cui abbiamo bisogno per crescere ulteriormente. La nostra abilità a farlo determina il grado di armonia o felicità che otteniamo.

La capacità di ottenere ciò di cui abbiamo bisogno per la nostra crescita aumenta continuamente, man mano che raggiungiamo stati di consapevolezza sempre più completi. Maggiore è la nostra capacità di capire di cosa abbiamo bisogno, più certi saremo nel distinguere la sua presenza, nell'attrarlo e nell'assimilarlo.

Niente può arrivarci fuorché quello che è necessario alla nostra crescita. Le difficoltà e gli ostacoli continueranno a presentarsi sul nostro cammino finché non avremo assimilato la loro saggezza e raccolto l'essenziale alla nostra ulteriore crescita. La certezza di raccogliere ciò che abbiamo seminato è matematicamente esatta. Otterremo infatti la forza che ci necessita, parallelamente allo sforzo che mettiamo in atto per superare le nostre difficoltà. Abbiamo visto come il pensiero sia condizionato da molte variabili.

Le nostre forze mentali sono spesso limitate dalla suggestione del dialogo interno continuo e vengono paralizzate da mille condizionamenti. Sensazioni di paura, preoccupazione, incapacità o inferiorità, le sperimentiamo tutti i giorni. Queste emozioni negative sono sufficienti a fare in modo che le persone ottengano così poco e a permettere che i loro sforzi siano poveri di risultati. Tuttavia, dentro ognuno di noi, esistono possibilità che aspettano solo quel tocco liberatorio dell'apprezzamento e della sana ambizione per espandersi e produrre sensazioni positive.

SEGRETO n. 37: siamo noi a creare la realtà, dobbiamo dare spazio ai pensieri positivi per liberare la nostra potenzialità.

È la mente quindi a creare sia l'ambiente che ogni ostacolo nel percorso dell'uomo. Quando iniziamo a capire che la felicità, la salute, il successo, la prosperità e ogni altra condizione sono solo risultati che vengono creati dal pensiero corretto, sia esso conscio o inconscio, allora realizziamo l'importanza di una conoscenza funzionale delle leggi che governano il pensiero. Per migliorare le nostre condizioni dobbiamo prima migliorare noi stessi. I nostri pensieri e desideri saranno i primi a manifestare miglioramenti.

Possiamo conoscere le leggi che regolano l'energia elettrica, possiamo avere tutti gli strumenti adatti, lampade, fili e interruttori e possiamo perfino sapere come produrre corrente, ma se i collegamenti non sono stati effettuati nel modo giusto continueremo all'infinito ad azionare l'interruttore senza mai vedere la luce. Allo stesso modo, se sappiamo come produrre i cambiamenti nella nostra vita, ma ci ostiniamo a mantenere atteggiamenti non produttivi e pensieri invalidanti, non otterremo nessun vantaggio. Per riuscire nei nostri intenti dobbiamo assolutamente sviluppare il lato creativo della nostra mente.

L'impegno a crescere, a migliorarci, aumenta l'indipendenza, la capacità, l'attitudine a essere utili anche agli altri, distrugge la sfiducia, la depressione, la paura e ogni forma di mancanza, limitazione e debolezza, incluse sofferenza e malattia. L'unico possibile valore che possiamo associare a ogni nuovo principio da adottare è la sua validità nell'applicazione. Molti di noi leggono libri, seguono corsi, frequentano seminari per molto tempo, senza mai fare veri progressi nel miglioramento. Noi impareremo dei metodi tramite i quali il valore dei principi insegnati può essere dimostrato e messo subito in pratica nel quotidiano.

C'è un mutamento nel pensiero globale. Questo cambiamento sta filtrando a poco a poco ed è forse il più importante di qualunque altro a cui il mondo sia stato sottoposto negli ultimi secoli. Siamo alla vigilia di una nuova forma di consapevolezza, di un nuovo potere e di una nuova realizzazione delle risorse che abbiamo dentro di noi.

Se durante l'ultimo secolo abbiamo infatti assistito a un enorme progresso tecnologico e materiale, quello in corso produrrà un forte avanzamento nel potere mentale e spirituale. Constatiamo che le più potenti forze dell'uomo sono quelle invisibili, spirituali, e che l'unico modo in cui possono manifestarsi è attraverso il processo del pensiero. Pensare è l'unica attività che dello spirito e il pensiero è l'unico prodotto dell'attività intellettiva.

Ogni pensiero mette in azione determinati meccanismi e questo produce un effettivo cambiamento fisico. Pertanto è necessario solamente avere un certo numero di credenze su un dato soggetto per portare a un completo cambiamento nell'organizzazione fisiologica di una persona. Questo è il processo attraverso cui ogni fallimento si trasforma in successo.

Pensieri di fallimento, disperazione, manchevolezza, limitazione e discordia vengono sostituiti da pensieri di coraggio, potere, ispirazione e armonia e, se si radicano, il tessuto fisico viene modificato e l'individuo vede la vita sotto una nuova luce: le vecchie cose sono di fatto passate, tutto l'antico si rinnova, la vita assume un nuovo significato ed egli è ricostruito, riempito di gioia, fiducia, speranza ed energia. La persona vede opportunità di riuscita che prima non vedeva. Individua possibilità che prima non avevano significato. I pensieri di successo (benessere, serenità, equilibrio) di cui si è impregnata, si trasmettono alle persone che la circondano, al suo ambiente, che inevitabilmente cambia in meglio, come le circostanze e le condizioni.

Facciamo adesso un piccolo esercizio. È un dato di fatto

psicologico che il 90% del nostro potere mentale viene sfruttato raramente o per nulla. Pertanto molte persone possono potenzialmente ottenere dieci volte di più di quello che hanno mai ottenuto. Questa tabella vi dirà esattamente a che punto state, quello che state conseguendo e quello che potete conseguire se vi impegnate con lo sforzo necessario.

Trascrivete questa tabella e compilatela come spiegato sotto.

-Prodotto mentale	%
-Salute	%
-Efficienza temporale	%
-Potere creativo	%
-Concentrazione	%
-Totale	%
-Media (dividere per 5)	%

La prima voce da riempire riguarda il vostro prodotto mentale. Qual è il suo valore? State ottenendo il massimo? Il vostro prodotto mentale dipende interamente dalla capacità di spenderlo in modo da raggiungere il miglior vantaggio possibile. È possibile che molte persone con capacità non superiori alle vostre spendano dieci, venti o cinquanta volte più di voi per un prodotto migliore del vostro.

Se è così c'è una ragione e questa tabella ci aiuterà a capirla. Stimate il valore di ciò che avete da spendere, la vostra conoscenza, la vostra esperienza, la vostra onestà, la vostra energia e se le state utilizzando al loro pieno valore, assegnatevi un 100%; se invece il vostro esame rivela che avete ottenuto solo la metà di ciò che valgono, datevi un 50%. Ma siate sinceri, non sottostimate il valore di ciò che avete da offrire, ricordate che la perdita conduce a perdere ancora di più e molte perdite, di tutti i generi, sono causate dall'abitudine a sottovalutarsi.

Il principio di causa ed effetto è sempre valido. È una legge invariabile, pertanto qualsiasi cosa riceviamo, buona o cattiva che sia, è il risultato di una precisa causa che è stata in precedenza innescata. Ora, immaginate di avere la capacità di spendere il vostro prodotto mentale al valore del 5% in un anno, su 100.000 €. Non dipende né da abilità, né da conoscenza; potreste spendere il vostro prodotto mentale per 400 € l'anno, e potrebbe avere un valore maggiore di quello per cui molti spendono invece 5.000 € all'anno. Il motivo è chiaro, la conoscenza non applica se stessa, noi lasciamo che la forma rimanga statica, mentre invece dovremmo cambiarla in figura dinamica tramite l'applicazione del potere creativo e della concentrazione.

La mancanza di sforzo concentrato, intelligente e pianificato, potrebbe costarci caro. Quindi, nello scrivere la vostra percentuale di prodotto mentale nella tabella valutate bene in che modo utilizzate le vostre risorse.

Il secondo campo da riempire è relativo alla salute. Se mangiate bene, dormite bene, vi prendete il giusto svago e potete lavorare in modo equilibrato occupandovi dei vostri impegni senza preoccupazioni e pensieri, assegnatevi un 100%. Ma se il vostro corpo necessita di costante attenzione perché invia segnali di disagio, se vi trovate a essere continuamente preoccupati su cosa fare o non fare, se non riuscite a dormire o se siete stressati, assegnatevi una quota inferiore. Se valutate che la vostra salute e il benessere totale siano al 90% di quello che dovrebbe essere assegnatevi il 90%, se invece siete efficienti solo al 50% questo sarà il dato da inserire in tabella. Siate assolutamente onesti. Ricordate che il nostro corpo fisico si conserva attraverso un continuo processo di distruzione e ricostruzione.

La vita è un semplice scambio del vecchio col nuovo e la salute è soltanto l'equilibrio fisiologico mantenuto durante il processo di creazione di nuovi tessuti ed eliminazione di quelli vecchi e usurati, lo stesso può dirsi per i pensieri che creiamo nella nostra mente.

Nascita e morte si avvicendano continuamente nel nostro corpo, nuove cellule si formano costantemente attraverso il processo di conversione del cibo, dell'acqua e dell'ossigeno in materia vivente. Ogni azione del cervello, ogni movimento del corpo, dei muscoli, significa distruzione e conseguente morte di alcune di queste cellule e, il loro accumulo, quando sono inutilizzate o usurate, è ciò che causa dolore, sofferenza e malattia. I sintomi che ne derivano dipendono da quali organi sono gravati dal tentativo di eliminare il materiale di scarto. Ricordate la rabbia che attacca il fegato? Oppure la paura che compromette i reni? La comprensione di questi meccanismi e la conseguente conoscenza di come preservare l'equilibrio tra le nuove cellule (e i nuovi pensieri) che vengono create e le vecchie cellule (e le vecchie credenze) che vengono eliminate, è il segreto della salute perfetta.

SEGRETO n. 38: il rinnovamento è una componente fondamentale per la crescita.

A questo punto bisogna definire la percentuale della vostra efficienza temporale, perché il tempo è tutto ciò che abbiamo e dobbiamo farne buon uso. Se lavoriamo otto ore, dormiamo otto ore e usiamo otto ore per svagarci, per lo studio, per migliorare noi stessi, tutto il nostro tempo viene utilizzato e potremo attribuirci un valore del 100%. Ma se anche una piccola parte delle otto ore che dovrebbero essere usate per lo svago viene spesa in modo superficiale, nel futile o in qualunque forma di spreco energetico, se lasciamo che il nostro pensiero si mantenga su argomenti di critica, discordia, disarmonia di qualsiasi tipo, dobbiamo tagliare quella percentuale in proporzione. Dobbiamo impegnarci, anche se non è facile.

E ancora, se vi addormentate nel momento stesso in cui la vostra testa tocca il cuscino, molto bene, ma se impiegate tempo cercando di prendere sonno, diminuite la vostra percentuale. Se poi il sonno è agitato, disturbato da incubi o preoccupazioni di qualsiasi genere, sottraete ancora una quota da quella percentuale. Se al mattino vi alzate presto, vi sentite riposati e pieni di energia, se vi preparate per la giornata senza perdere tempo, bene. Se invece indugiate, siete sovrappensiero, sprecate ore intere senza necessità, diminuite la percentuale iniziale. Se spendete il resto del vostro tempo in sano svago, in sport o in cose che vi sono di beneficio sia mentale che fisico, molto bene, state guadagnando capitale che avrà valore economico.

Ma se lasciate che il tempo scorra via senza trovare nulla di costruttivo per cui impiegarlo, voi non siete fisicamente, mentalmente e moralmente al meglio. Se il tempo è passato e non ha lasciato nulla di valore, significa che è stato sprecato in ciò che potrebbe risultare dannoso, qualcosa che potrà creare ostacoli al vostro percorso verso la riuscita, verso il successo. Dovrete nuovamente essere onesti con voi stessi e assegnarvi l'esatta percentuale che vi appartiene.

Passiamo adesso al vostro potere creativo. Se vi capita che molte delle persone che incontrate si attivino per aiutarvi in ciò che volete fare, se capiscono al volo quello che volete trasmettere, se sono allineate con voi, datevi il 100%, perché ogni cosa che otteniamo deve provenire anche dagli altri, non c'è nessun altro canale attraverso cui il successo, in tutte le sue forme, possa raggiungerci.

Questo potere creativo deve poter essere esercitato inconsciamente, deve essere parte della vostra personalità. Se invece dovete compiere uno sforzo tremendo per riuscire a ottenere qualcosa, se avete bisogno di esercitare potere volitivo, se dovete costringervi e preoccuparvi e faticare sul risultato di una cosa alla quale tenete, su un importante colloquio o altro, scendete con la vostra percentuale al 50 o al 40%, perché non state individuando i giusti principi. Quando li comprenderete, vi renderete conto che non è necessario essere ansiosi.

In primo luogo, non vi aspettate che nessuno faccia nulla se non ciò che meglio per sé e sapete che ogni transazione deve beneficiare entrambe le parti.

Una volta interiorizzati questi principi, quando queste regole diventeranno parte integrante della vostra vita, del vostro atteggiamento mentale, avrete trovato il punto dell'equilibrio e tutte le porte si apriranno più agevolmente. Questo perché avrete capito che, ogni evento, ogni condizione, ogni cosa era prima un'idea e, nella misura in cui avrete accresciuto e focalizzato con calma la vostra attenzione su di essa, sospendendo tutte le attività della mente ed eliminando tutti gli altri pensieri dalla vostra coscienza, questa si sarà concretizzata.

In proporzione alla chiarezza con cui visualizzate l'idea e alla forza con cui essa vi avvolge, il potere creativo farà il suo lavoro e prenderà il controllo, dirigendo ogni attività sia della mente che del corpo, cominciando a modellare ogni condizione associata all'idea stessa, così, presto o tardi, questa si realizzerà in forma tangibile e definita. Una volta capito e applicato questo concetto, quando sarete riusciti a modellare e determinare le condizioni, date a voi stessi il 100%.

Infine abbiamo il campo della concentrazione. Riuscite a concentrarvi? Sapete cosa significa concentrarsi? Potete guidare il pensiero per cinque, dieci o quindici minuti su un problema, al punto da escludere dalla vostra mente qualsiasi altra cosa? Riuscite a scomporlo, dissezionarlo, sbrogliare la matassa? Siete in grado di vedere la causa che lo ha generato, vedere la soluzione in modo nitido, completo e definitivo e capire che è quella giusta? Riuscite poi a smettere di occuparvene e spostare la vostra concentrazione su qualcos'altro senza tornare continuamente sul problema precedente?

Se la risposta a queste domande è sì, date a voi stessi il 100%. Se invece siete perseguitati da paure, problemi, ansie, se quando non avete problemi da risolvere ve li create da soli, proiettandoli nella vostra immaginazione, se vi preoccupate di quello che gli altri dicono, pensano e fanno, allora diminuite in proporzione la percentuale. Potreste essere in possesso di un potere al cui confronto qualsiasi altro diventa insignificante. Abbiate cura di attribuirvi l'esatta percentuale che sentite essere vostra.

Ora fate una media. Osservate a che punto siete. Se avete dei buoni punteggi, la vostra tabella potrebbe assomigliare a questa:

Prodotto mentale	50%
Salute	80%
Efficienza temporale	80%
Potere creativo	50%
Concentrazione	10%
Totale	270%
Media	54%

Adesso, supponiamo che stiate guadagnando 1000 € all'anno e sentite che il vostro prodotto mentale dovrebbe valere almeno 2000 €, che è la base del vostro calcolo; allora, qualsiasi metodo che vi aiuti a guadagnare potere per 2000 € all'anno varrà per voi 1000 € annuali. Ogni metodo che vi apporterà salute, efficienza nel vostro tempo, maggiore potere creativo o che accrescerà la vostra capacità di concentrarvi varrà almeno 1000 € all'anno.

Questa divertente ricostruzione ha lo scopo di spiegarvi, in termini "matematici", quanto potremmo ricavare di più da noi stessi. Vorreste portare maggior potere alla vostra vita? Rendete il potere consapevole. Maggiore salute? Rendete la salute consapevole. Maggiore felicità? Rendete la felicità consapevole. Viviamo lo spirito di queste cose, prima che diventino nostre davvero. Diventerà impossibile tenerle lontane. Non avete bisogno di acquisire questo potere. Voi lo possedete già. Si tratta di comprenderlo, usarlo, controllarlo e impegnarsi così che possiate goderne al meglio. In questo ebook, infatti, parliamo di come rendere la nostra vita migliore, al di là di ogni blocco, disagio o impedimento.

SEGRETO n. 39: tutto quello che ci occorre per cambiare lo possediamo già, è dentro di noi.

Ora, leggete bene queste affermazioni.

- Il molto accumula di più, è vero in ogni piano di esistenza, così come la perdita conduce ad altra perdita.
- La mente è creativa e le condizioni, l'ambiente e ogni esperienza nella vita sono il risultato del nostro abituale o predominante atteggiamento mentale.
- L'atteggiamento mentale dipende necessariamente da quello

che pensiamo. Di conseguenza, il segreto di tutto il potere risiede nel nostro modo di pensare.

- Questo è vero perché dobbiamo "essere" prima di poter "fare", e possiamo "fare" solo per l'estensione di ciò che "siamo", e quello che "siamo" dipende da quello che "pensiamo".

- Non possiamo esprimere potere che non abbiamo. L'unico modo attraverso il quale possiamo assicurarci il potere è esserne consapevoli e non ne saremo mai consapevoli finché non impareremo che tutto il potere proviene dall'interno.

- C'è un mondo all'interno, un mondo di pensiero, di emozione e potere; di chiarezza e consapevolezza che, seppure invisibili posseggono enorme forza.

- Il mondo interno è governato dalla mente. Quando avremo scoperto questo mondo troveremo la soluzione di ogni problema, la causa per ogni effetto, e quanto più il mondo interno è soggetto al nostro controllo, tanto più le leggi di potere e possesso sono sotto il nostro controllo.

- Il mondo esterno è un riflesso del mondo interno. Ciò che appare all'esterno è ciò che è stato trovato interiormente. Nel mondo interno si può trovare infinita saggezza, infinito potere e ricezione di tutto quello che è necessario, aspettando di essere ripristinato, sviluppato ed espresso. Se noi individuiamo queste potenzialità nel mondo interno, esse prenderanno forma nel mondo esterno.

- L'armonia del mondo interno sarà riflessa all'esterno tramite condizioni fluide, ambienti piacevoli, il meglio di ogni cosa. L'armonia è il fondamento della salute, è la necessaria essenza per ogni risultato che si vuole raggiungere.

- Armonia nel mondo interno significa abilità a controllare i pensieri e stabilire come ogni esperienza può avere effetto su di noi.

- L'armonia nel mondo interno risulta come ottimismo e abbondanza; l'abbondanza interna risulta come abbondanza esterna.

- Il mondo esterno riflette le circostanze e le condizioni della coscienza interna.

- Se troviamo la saggezza nel mondo interno, avremo la capacità di cogliere la meraviglia delle nostre possibilità latenti e avremo dato potere a esse di manifestarsi all'esterno.

- La vita è un dispiegamento, non un accrescimento. Ciò che ci arriva dal mondo esterno è quello che già possediamo nel mondo interno.

- Tutta la riuscita è basata sulla consapevolezza. Tutto il profitto è il risultato di una consapevolezza accumulata. Tutta la perdita è il risultato di una perdita di consapevolezza.

- L'efficienza mentale è la consapevolezza dell'armonia; discordia significa confusione, quindi chi vuole acquisire potere deve porsi in armonia.

- Noi ci rapportiamo al mondo esterno attraverso la mente oggettiva. Il cervello è l'organo di questa mente e il sistema nervoso cerebro-spinale ci mette in comunicazione cosciente con ogni parte del corpo. Questo sistema nervoso risponde a ogni sensazione, luce, calore, odore, suono e sapore.

- Quando questa mente pensa correttamente, quando comprende la verità, quando i pensieri inviati attraverso il sistema nervoso sono costruttivi, queste sensazioni sono piacevoli, armoniche.

- Il risultato è che creiamo forza, vitalità e ogni genere di energia costruttiva nel nostro corpo, ma è attraverso questa stessa mente oggettiva che tutto il dolore, la malattia, le carenze, le limitazioni e ogni forma di disarmonia entra nelle nostre vite. È di conseguenza attraverso la mente oggettiva, a causa di ragionamenti sbagliati, che ci rapportiamo a forze distruttive.

- Noi ci relazioniamo al mondo interno attraverso la mente subcosciente. Il plesso solare (ricordate il quarto livello, quello relativo al cuore?) è l'organo di questa mente. Il sistema nervoso simpatico presiede alle sensazioni soggettive, come gioia, paura, amore, emozioni, respirazione, immaginazione e tutti gli altri fenomeni subcoscienti. È attraverso il subconscio che siamo connessi con il tutto e in rapporto con le infinite forze dello stesso universo.

- È la coordinazione di questi due centri del nostro essere e la comprensione della loro funzione a essere il grande segreto della vita. Con questa conoscenza possiamo portare la mente oggettiva e soggettiva alla cooperazione consapevole e in questo modo coordinare il finito e l'infinito. Il nostro futuro è interamente sotto il nostro controllo.

- Ogni pensiero è una causa e ogni condizione è un effetto, per questa ragione è assolutamente essenziale che controlliate i vostri pensieri per poter portare avanti solo condizioni desiderabili Il mondo interno è la causa, il mondo esterno l'effetto; per cambiare l'effetto, dovete cambiare la causa.

SEGRETO n. 40: il pensiero è energia dinamica, dobbiamo pertanto imparare a gestirlo al meglio.

Completiamo questa fase con alcuni piccoli esercizi. La prima pratica richiede di stare seduti eretti, in una stanza tranquilla, e rimanere perfettamente calmi per almeno 15 minuti o mezz'ora, lasciando scorrere i pensieri. Ripetete questo esercizio per tre o quattro giorni, se riuscite per una settimana, fino a che non avrete il pieno controllo. Ricordate di annotare ogni sensazione sul vostro "diario della crescita".

Le nostre difficoltà sono ampiamente dovute a idee confuse e a ignoranza circa i nostri veri interessi. La grande impresa è quella di scoprirli e individuare i meccanismi per realizzarli. Pensieri chiari e intuito, quindi, hanno un enorme valore. Se il pensiero è energia e il pensiero attivo è energia attiva, allora il pensiero concentrato sarà energia concentrata. Il pensiero concentrato in un preciso scopo diviene potere.

La capacità di ricevere e manifestare il potere dipende dall'abilità di individuarne la fonte. Le azioni che ripetiamo diventano meccaniche, non sono più ragionate, ma hanno formato una profonda abitudine nella mente subcosciente. Scopriremo che c'è una grande differenza tra il semplice pensare e il dirigere il nostro pensiero coscientemente, sistematicamente e costruttivamente. Quando facciamo questo noi ci allineiamo con una coscienza superiore, con il nostro vero Sé e mettiamo in moto le più potenti energie che esistano.

Proseguiamo ora con il secondo esercizio: controllare il pensiero. Se possibile usate sempre la solita stanza, riprendete la stessa posizione seduti, ben eretti e comodi. Rimanete perfettamente immobili e annullate ogni pensiero. Questo vi darà il controllo su apprensione, preoccupazione e paura e vi renderà capaci di trattenere solo il tipo di pensiero che volete e che desiderate. Ripetete questo esercizio per lo stesso lasso di tempo di quello precedente e fino a che non ne avrete preso pieno controllo. Ancora una volta, annotate sul vostro diario, ogni sensazione o immagine che può affacciarsi.

All'inizio non riuscirete a fare l'esercizio per più di pochi minuti alla volta, ma sarà comunque un risultato valido, perché è una dimostrazione pratica del gran numero di pensieri che cercano costantemente di guadagnarsi l'accesso al nostro mondo mentale. Abbiamo scoperto che il pensiero è la causa e le esperienze che incontriamo nella vita sono gli effetti. Di conseguenza, dobbiamo eliminare ogni tendenza a lamentarci di come sono state o come sono le condizioni esterne, perché queste hanno bisogno di noi per essere cambiate e trasformate in quello che noi vogliamo che siano. Dirigete gli sforzi verso la realizzazione delle vostre risorse mentali, sempre al vostro servizio, dalle quali provengono tutte le possibilità e realizzazioni durature.

Continuate con questa pratica fino a quando non arriverete a capire che non ci possono essere fallimenti alla realizzazione di alcun obiettivo adeguato a noi. Se comprendete il vostro potere e persistete nel vostro scopo, le vostre energie e il potere della vostra mente sono in grado di sostenervi e darvi volontà propositiva per arrivare dove volete.

È necessario che questo diventi automatico, in modo che la mente cosciente possa occuparsi di altro. Le nuove azioni, comunque, diverranno a loro volta abituali, poi automatiche, poi subcoscienti, e la mente cosciente sarà di nuovo libera da questi dettagli e potrà andare oltre per svolgere altri compiti. Quando realizzerete questo, avrete scoperto una sorgente di potere che vi metterà in grado di prendervi cura dello sviluppo di ogni situazione nella vita.

Sappiamo già che il sistema cerebro-spinale è l'organo della mente cosciente e quello simpatico è l'organo del subconscio. Quello cerebro-spinale è il canale attraverso il quale riceviamo la percezione cosciente dei sensi fisici ed esercitiamo il controllo sui movimenti del corpo. Questo sistema di nervi ha il suo centro nel cervello. Il sistema simpatico ha il suo centro in una massa di gangli che si trova dietro lo stomaco, il plesso solare, ed è il centro di quella azione mentale che sostiene inconsciamente, le funzioni vitali del corpo.

Abbiamo visto che ogni pensiero viene ricevuto dal cervello, organo della mente subcosciente, e qui viene elaborato. Quando la mente oggettiva è soddisfatta dell'attendibilità del pensiero, questo viene inviato al plesso solare, ossia al cervello della mente soggettiva, per essere concretizzato e manifestato nel mondo come realtà. A questo punto il pensiero non è più soggetto ad altre variazioni, la mente subcosciente infatti non può ragionare, agisce soltanto. Essa accetta le conclusioni della mente oggettiva come ultime e definitive. Il plesso solare è stato paragonato alla totalità del corpo, in quanto è il punto centrale della distribuzione dell'energia generata.

Quando il plesso solare è in funzione attiva e sta irradiando energia, vitalità, a ogni parte del fisico, le sensazioni sono piacevoli. Se c'è qualche interruzione in questa distribuzione, le sensazioni saranno sgradevoli e il flusso di vita ed energia in qualche parte del corpo si fermerà: questa è la causa di ogni malessere che si verifica nel percorso umano, fisico, mentale o ambientale. Fisico perché il sole del corpo (il plesso) non genera più energia sufficiente a vitalizzare alcune parti; mentale perché la mente cosciente dipende da quella subcosciente per la vitalità necessaria a supportare il suo pensiero e ambientale perché la connessione tra la mente subcosciente e la coscienza superiore del Sé è venuta meno.

Il plesso solare è importante perché può compiere qualsiasi cosa lo si diriga a fare, qui si trova il potere della mente cosciente. È evidente, quindi, che tutto ciò che dobbiamo fare è lasciare splendere questo nostro sole: più energia possiamo irradiare, più rapidamente riusciremo a trasformare condizioni sgradevoli in sorgenti di piacere e utilità. L'importante domanda, allora, è come lasciare splendere questa luce, come generare questa energia.

Il pensiero aperto espande il plesso solare, la chiusura mentale lo contrae. Il pensiero piacevole lo espande, quello sgradevole lo contrae. Pensieri di coraggio, potere, fiducia e speranza producono tutti lo stato corrispondente. Il nemico numero uno del plesso solare, che deve essere assolutamente distrutto prima di avere qualunque possibilità di mettere radici, è la paura. Questo nemico deve essere eliminato ed espulso: da sempre condiziona l'uomo che così ha paura di se stesso, degli altri, timore di tutto e di tutti.

Quando la paura viene effettivamente e completamente cancellata, la vostra energia può circolare liberamente e la qualità della vita migliora. Quando riuscite a dimostrare a voi stessi di avere la capacità di sconfiggere qualunque condizione avversa tramite il potere del vostro pensiero, non avrete più nulla da temere, la paura sarà stata distrutta e voi sarete entrati in possesso del vostro diritto di nascita: esistere. È la nostra attitudine mentale verso la vita che determina le esperienze con cui ci rapportiamo. Se non ci aspettiamo nulla, non avremo nulla, se chiediamo molto, riceveremo la parte più grande.

Il mondo è duro solo se smettiamo di far valere i nostri diritti. Il mondo è critico solo con coloro che non possono sostenere le loro idee. È questa criticità che impedisce a molte idee di vedere la luce. Ma la persona che è cosciente di avere un plesso solare e di poterlo utilizzare al meglio, non teme critiche, è troppo occupata a manifestare coraggio, fiducia e potere. In altre parole, anticipa il suo proprio successo attraverso l'atteggiamento mentale, rimuove gli ostacoli, supera i dubbi e l'esitazione che la paura mette sul suo cammino. La conoscenza della nostra capacità di irradiare in modo cosciente salute, forza e armonia, ci porterà a realizzare che non c'è nulla da temere perché siamo in contatto con la forza infinita del nostro Sé superiore.

È possibile acquisire questa conoscenza solo applicando nella pratica questa informazione. Noi impariamo praticando ed è il metodo che ora ci interessa. Avete già capito che il subconscio è intelligente, che è creativo e che risponde alla volontà della mente cosciente. Qual è quindi il metodo più naturale per produrre la realtà desiderata? Concentratevi mentalmente su ciò che volete realizzare, in questo modo imprimerete il subconscio. Questo non è l'unico modo, ma è il più semplice ed efficace, oltre a essere diretto e perciò in grado di darci il miglior risultato. Abbiamo scoperto che la mente subcosciente reagisce alla nostra volontà cosciente: questo significa che il potere creativo è controllato dalla mente cosciente dell'individuo. Ricordate che la conoscenza non applica se stessa.

Sarà indispensabile quindi che, per ottenere un vero cambiamento, un miglioramento della vostra qualità di vita, voi vi esercitiate con molta volontà. Rileggete più volte le affermazioni che compaiono a pagina 198, vi aiuteranno a rimanere focalizzati su quello che dovete fare.

Proseguiamo. Come prossimo esercizio, faremo un ulteriore passo in avanti con la concentrazione. Ritrovate la vostra posizione, nel vostro ambiente tranquillo, e siate calmi, annullate ogni possibile pensiero, rilassatevi, lasciate che i muscoli assumano la loro condizione naturale. Questo rimuoverà qualunque pressione ed eliminerà la tensione accumulata. Il rilassamento fisico è un esercizio della volontà e si sa che produce effetti rigeneranti su tutto l'organismo. Le tensioni portano all'inquietudine, ad un'attività mentale disordinata che a sua volta produce preoccupazione, apprensione, paura, ansia. Il rilassamento, dunque, è assolutamente necessario per permettere alle facoltà mentali di manifestarsi in totale libertà.

SEGRETO n. 41: semplicemente rilassandoci facciamo già un valido esercizio per l'applicazione della volontà.

Eseguite questo esercizio nel modo più completo ed esauriente possibile, decidete mentalmente che rilasserete ogni muscolo e ogni nervo, finché non vi sentirete calmi e in pace con voi stessi e col mondo. Il plesso solare sarà allora pronto a funzionare e voi sarete sorpresi del risultato. Quello che state per leggere vi aiuterà a capire perché quello che pensate, fate o sentite è un'indicazione di cosa siete. Il pensiero è energia e l'energia è potere. La vita è espressione ed è nostro dovere esprimere noi stessi in modo armonioso e costruttivo. Sofferenza, carenza, tristezza, malattia e povertà, sono sentimenti inutili e dannosi e li stiamo costantemente eliminando.

Ma questo processo di eliminazione consiste nel superare e passare oltre a limitazioni di qualsiasi tipo. Il vostro Io non è il corpo fisico, quello è semplicemente uno strumento che utilizza per manifestare i suoi programmi. L'Io non può essere neppure la mente, perché questa è un altro strumento che serve per pensare, ragionare, progettare. L'Io deve essere qualcosa che controlla e dirige sia il corpo che la mente; qualcosa che determina cosa dovrebbero fare e come dovrebbero agire.

Quando realizzate la vera natura di questo Io, usufruite di un senso di potere che non avete mai sperimentato prima. La vostra personalità è formata da innumerevoli e personali caratteristiche, peculiarità, abitudini e tratti del carattere; questi sono il risultato del metodo di pensiero che vi ha forgiato, ma essi non hanno nulla a che fare con la vostra più profonda identità.

Quando dice: «Io penso», l'Io dice alla mente cosa deve pensare e quando dice: «Io vado», l'Io dice al corpo dove deve andare. La sua vera natura è spirituale ed è la fonte del vero potere. Ma il più grande e straordinario potere è in realtà quello di "pensare". Non tutti riusciamo a pensare correttamente e in modo costruttivo, spesso scivoliamo e indugiamo in pensieri egoistici e contorti.

Quando una mente diventa cosciente, capisce che ogni transazione deve produrre benefici per chiunque sia collegato a questo scambio e che ogni tentativo di approfittarsi dello stato di debolezza, ignoranza o necessità degli altri andrà inevitabilmente a proprio svantaggio. Se fino a ora non siete riusciti a superare questi scogli, è perché ancora non ci avete messo abbastanza impegno. Adesso è il momento di impegnarsi. Il risultato sarà esattamente proporzionale allo sforzo fatto.

Una delle affermazioni più potenti che potete usare allo scopo di rinforzare la volontà e comprendere il vostro potere di realizzazione è: «Posso essere quello che voglio». Ogni volta che lo ripetete, realizzate chi e che cosa è questo Io, cercate di arrivare a una piena comprensione della sua vera natura: se ci riuscite avrete raggiunto un primo buon traguardo.

E così è, a patto che i vostri obiettivi e propositi siano costruttivi e quindi in armonia con la legge della causa/effetto. Se decidete di fare uso di questa affermazione, usatela continuamente e, durante la giornata, ripetetela più spesso che potete.

Continuate a farlo finché non sarà diventata una parte di voi, fatela diventare un'abitudine. Finché non lo avrete fatto, sarà meglio non iniziare nulla, perché in genere, quando iniziamo qualcosa e non lo completiamo, o prendiamo una decisione e non la manteniamo, ci abituiamo ad azioni fallimentari. Quindi, se non avete intenzione di portare a termine qualcosa, non iniziate neppure.

Se invece date il via, dovete perseguire il vostro obiettivo a ogni costo; se vi mettete in testa di fare qualcosa, fatela, non permettete a nulla e a nessuno di interferire. L'Io dentro di voi ha deciso, la cosa è stabilita, non sono più possibili ulteriori tentennamenti. Se manifestate questa idea, cominciate con cose piccole che sapete di poter controllare e poi aumentate gradualmente l'impegno, ma mai in circostanze in cui le decisioni prese dal vostro Io possano essere revocate.

Dentro di noi, dunque, sta il segreto del potere e della padronanza. Ricordiamoci, però, che non possiamo dare senza ricevere e non possiamo essere d'aiuto se non siamo forti. Per essere d'aiuto agli altri dobbiamo avere potere, ma per averlo dobbiamo darlo, dobbiamo essere d'aiuto. Più diamo e più riceviamo. È così che diventiamo creatori.

Tutto questo avviene al nostro interno, mentre siamo immersi nel silenzio e nella quiete. Dovremmo quindi cercare frequentemente il silenzio perché il potere deriva da esso; è nella quiete che possiamo essere calmi e quando siamo calmi, dirigiamo al meglio il pensiero.

Lo scopo che ci siamo prefissi è quello di liberarci da tutte le emozioni negative, originate dalla nostra infanzia e dalle esperienze traumatiche che abbiamo vissuto. In questo modo, vogliamo raggiungere il vero benessere, la salute, la serenità, una qualità di vita migliore e migliori rapporti. Tutto questo dipende esclusivamente da noi, dipende dall'impegno che mettiamo nel cambiare, nel pensare in modo nuovo tutta la nostra vita. Come possiamo questo ottenere questo risultato? Come sviluppare la fiducia in noi stessi e nei nostri obiettivi, il coraggio di cambiare, di rinnovarci, per arrivare alla realizzazione di quello che ci siamo prefissati?

La risposta è: tramite l'esercizio. Si ottiene forza mentale esattamente come si ottiene forza fisica, tramite l'esercizio. Noi pensiamo qualcosa, forse con difficoltà all'inizio; poi pensiamo la stessa cosa ancora, e questa volta diventa più facile; la pensiamo ancora e ancora, finché non diventa un'abitudine mentale. Continuiamo a pensare la stessa cosa e questa diventa automatica, non dobbiamo sforzarci di pensarla. Ora siamo positivi su quello che pensiamo, non ci sono più dubbi su questo. Siamo sicuri, lo sappiamo.

SEGRETO n. 42: raggiungiamo il massimo controllo della forza mentale con l'esercizio costante.

Nell'esercizio precedente abbiamo imparato a rilassarci, a

lasciarci andare fisicamente. Ora impariamo a lasciarci andare mentalmente. Dopo aver assunto la vostra solita posizione, rimuovete tutte le tensioni tramite un completo rilassamento, quindi mentalmente, lasciate andare tutte le condizioni difficili come odio, rabbia, gelosia, invidia, problemi di qualunque genere. Decidetelo mentalmente con l'intenzione volontaria e sostenete questa decisione con tenacia. Non permettete all'onda delle emozioni di disturbarvi. Non ci riuscirete la prima volta, ma la pratica porta alla perfezione, in questa come in qualsiasi altra cosa.

Dovete riuscire ad allontanare, eliminare e distruggere completamente tutti i pensieri negativi e distruttivi. Quando avrete preso dimestichezza con questo esercizio, vedrete come ogni forza, oggetto, situazione o concetto sia il risultato della mente in azione. Più vi esercitate e più ne avrete consapevolezza.

Ma quale effetto può essere prodotto dal pensiero? La risposta è che il pensiero è la mente in movimento e il suo effetto dipende interamente dal "meccanismo alla quale è collegato". Qui è il segreto di tutto il potere mentale, esso dipende unicamente dal meccanismo che gli colleghiamo. E qual è questo meccanismo?

Stiamo parlando del cervello. Utilizzare consapevolmente questo strumento può darci realmente quello di cui necessitiamo. Il potere dell'attenzione può essere compreso meglio se lo paragoniamo a una lente di ingrandimento tramite la quale i raggi del sole vengono concentrati. Questi non possiedono una grande forza se la lente viene continuamente spostata da un posto all'altro; ma la tenete ferma e lasciate che i raggi si concentrino in un punto per un po' di tempo l'effetto diverrà immediatamente visibile. Così è il potere del pensiero; lasciate che venga disperso tra un oggetto e l'altro e non avrete nessun risultato. Localizzate invece questo potere, tramite l'attenzione e la concentrazione, su un obiettivo per qualche tempo e nulla sarà più impossibile. Potrà apparire semplicistico, ma da sempre, le cose semplici sono quelle che funzionano meglio. Per coltivare il potere dell'attenzione, prendete con voi un oggetto o una foto e sedetevi sulla stessa sedia nella vostra stanza. Esaminate attentamente l'oggetto o la foto, per almeno dieci minuti, notate tutti i dettagli, osservate ogni possibile componente.

Poi chiudete gli occhi e provate a immaginare l'oggetto o la foto visualizzandolo mentalmente. Ripetete l'esercizio fino che non sarete riusciti a ricostruire la visione in modo perfetto, nella vostra mente. È tramite allenamenti come questo che sarete finalmente capaci di controllare i vostri stati d'animo, i vostri atteggiamenti e la vostra coscienza.

SEGRETO n. 43: il potere della focalizzazione ci aiuta a raggiungere i nostri obiettivi.

RIEPILOGO DEL GIORNO 5:

- SEGRETO n. 37: siamo noi a creare la realtà, dobbiamo dare spazio ai pensieri positivi per liberare la nostra potenzialità.

- SEGRETO n. 38: il rinnovamento è una componente fondamentale per la crescita.

- SEGRETO n. 39: tutto quello che ci occorre per cambiare lo possediamo già, è dentro di noi.

- SEGRETO n. 40: il pensiero è energia dinamica, dobbiamo pertanto imparare a gestirlo al meglio.

- SEGRETO n. 41: semplicemente rilassandoci facciamo già un valido esercizio per l'applicazione della volontà.

- SEGRETO n. 42: raggiungiamo il massimo controllo della forza mentale con l'esercizio costante.

- SEGRETO n. 43: il potere della focalizzazione ci aiuta a raggiungere i nostri obiettivi.

GIORNO 6:
Come realizzare un nuovo stile di vita

Abbiamo visto che la visualizzazione è il processo di produzione delle immagini mentali, e l'immagine è lo stampo o modello che fa da campione e dal quale emergerà il nostro futuro. Create allora un campione chiaro e bellissimo, non abbiate paura, fatelo grandioso, e ricordate che nessuno può porvi una limitazione tranne voi stessi. Non siete limitati da costi o materiali, disegnate sull'infinito ciò di cui avete bisogno, costruitelo nella vostra immaginazione, dovrà già trovarsi lì, ovunque debba apparire dopo.

Rendete l'immagine chiara e nitida, tenetela ben ferma nella mente e gradualmente e costantemente avvicinatela a voi. Siete in grado di essere "ciò che sarete". Questo è un fattore psicologico già appurato e ben conosciuto ma, sfortunatamente, leggerlo e basta non vi porterà alcuno dei risultati che avete in mente. È necessario lavoro mentale e impegno.

Questo è il passo più importante, perché è il progetto sul quale vi accingete a costruire. Deve essere solido, deve essere permanente. Quando un architetto progetta un palazzo, ne ha già precedentemente un'immagine dettagliata. Lo stesso si può dire di un ingegnere, quando deve creare un ponte, prima di tutto si assicurerà della resistenza di tutte le singole parti. Entrambi ne vedono il risultato prima ancora che venga fatto un solo passo nella realizzazione.

Quindi, dovete dipingere nella vostra mente quello che volete; voi state spargendo semi, ma prima di seminare qualunque cosa dovete immaginare come dovrà essere il raccolto. Questa è l'idealizzazione. Se non siete sicuri, tornate alla vostra sedia ogni giorno, finché l'immagine non sarà nitida. All'inizio il progetto generale sarà infatti confuso, ma piano piano prenderà forma, il profilo si delineerà, poi i dettagli, e voi svilupperete gradualmente il potere col quale sarete in grado di comporre progetti che potranno finalmente materializzarsi nel mondo oggettivo.

A seguire, viene il processo di visualizzazione. Dovete vedere l'immagine sempre più completa, osservate i dettagli e quando questi cominceranno a conformarsi, si svilupperà il modo e il senso col quale portarli a manifestarsi.

Ne verrà fuori una specie di reazione a catena. Il pensiero condurrà all'azione, l'azione svilupperà i metodi, i metodi svilupperanno amici e gli amici creeranno circostanze e, finalmente, l'ultimo step, la materializzazione, sarà stato raggiunto.

L'architetto visualizza il suo edificio, lo vede come desidera che sia. Il suo pensiero diventa come uno stampo plastico da cui alla fine sorgerà l'edificio. La sua visione prende forma sulla carta e l'edificio viene costruito. Lo scienziato o l'inventore visualizzano le loro idee esattamente nello stesso modo. Uno su tutti, Nikola Tesla. Fu un grande scienziato che dedicò la sua vita allo studio delle caratteristiche dell'energia elettrica e del campo magnetico. Le sue intuizioni furono di grande aiuto anche ad altri studiosi come, ad esempio, Guglielmo Marconi. Tesla visualizzava sempre le sue invenzioni prima di costruirle. Non era solito precipitarsi a realizzarle per poi spendere tempo a correggerne i difetti. Avendone prima costruita l'idea nella sua testa, ne manteneva l'immagine mentale, in modo da ricrearla e migliorarla col suo pensiero. In questo modo era in grado di sviluppare e perfezionare l'idea concepita senza toccare nulla.

Quando era andato abbastanza avanti nell'applicare all'invenzione ogni miglioramento possibile e aver constatato che non c'erano difetti da nessuna parte, allora metteva in pratica il prodotto del suo cervello. Invariabilmente disponeva ogni componente funzionava come aveva previsto; in tutta la sua carriera non c'è mai stata una sola eccezione.

Se riuscite a seguire coscientemente queste indicazioni, svilupperete la fiducia, quel tipo di fiducia che è considerata la sostanza delle cose sperate e l'evidenza delle cose non ancora viste, svilupperete coraggio e resistenza; svilupperete il potere della concentrazione che vi renderà in grado di escludere tutti i pensieri tranne quelli che sono pertinenti al vostro progetto.

Chiarezza e accuratezza possono essere ottenute solo mantenendo continuamente l'immagine nella mente. Ogni azione ripetuta rende l'immagine più chiara e accurata della precedente, e sarà in proporzione alla chiarezza e all'accuratezza dell'immagine che ne risulterà la manifestazione. Dovete costruirla con solidità e sicurezza nel vostro mondo mentale, il mondo interno, prima che possa prendere forma nel mondo esterno; e non potete costruire nulla di valido, nemmeno nel mondo mentale, se prima non avete il giusto materiale.

Questo materiale, verrà generato da milioni di silenziosi lavoratori mentali e modellato nella forma dell'immagine mentale che avete. Pensatelo! Voi avete a disposizione milioni di questi operai della mente, pronti e in funzione: si chiamano cellule cerebrali. Il vostro potere di pensiero poi è quasi illimitato, questo significa che il vostro potere di creare il materiale necessario a formare ogni genere di ambiente è praticamente illimitato. Fate l'immagine mentale, fatela chiara, nitida, perfetta e tenetela saldamente; i modi e i mezzi si svilupperanno, l'offerta seguirà la domanda e sarete guidati a fare la cosa giusta nel giusto momento e nel modo corretto.

Ci hanno sempre insegnato a cercare forza e potere all'esterno, a guardare ovunque tranne che dentro di noi e ogni volta che questo potere si manifestava nella nostra vita, ci veniva detto che erano solo eventi fuori dalla norma, quasi miracolosi. Ci sono molte persone che sono riuscite a comprendere questo speciale potere e si sono impegnate per raggiungere salute, serenità e realizzazione, ma vi sono altri che sembrano fallire, che pare non riescano a mettere in pratica le condizioni che li aiuterebbero a realizzarsi. L'ostacolo, in quasi tutti i casi, è che ci si relaziona ancora con elementi esterni.

Magari si desidera denaro, potere e abbondanza, solo per quello che questi beni rappresentano, ma non si riesce a capire che questi sono solo effetti e che si possono ottenere trovandone la causa. Create solo gli ideali, non fate caso alle condizioni esterne, costruite un mondo interno bellissimo e ricco, e il mondo esterno esprimerà e manifesterà le condizioni che possedete interiormente. Arriverete a realizzare il vostro potere di creare tutti i presupposti per la riuscita e questi saranno proiettati nel mondo reale.

Ad esempio, una persona si trova piena di debiti e ci pensa continuamente, si concentra su questi e siccome il pensiero è la causa, il risultato molto probabile è che non solo i debiti non si estingueranno più velocemente, ma effettivamente se ne creeranno degli altri. La perdita conduce ad altra perdita, l'ansia conduce ad altra ansia, la paura conduce ad altra paura, amplificando il tutto. Qual è allora il principio corretto? Concentratevi solo sulle cose che volete, ciò che deve essere allontanato da voi non deve entrare nella vostra mente, nemmeno come singolo pensiero. Dobbiamo darci il tempo di familiarizzare con questo meccanismo, dobbiamo imparare a piantare il nostro seme e a dargli modo di germogliare e crescere.

Proseguiamo con il prossimo esercizio e ricordate di annotare sempre, dopo ogni nuova prova, tutto quello che si affaccia alla vostra coscienza, sul vostro diario della Crescita.

Questa volta dovrete visualizzare un vostro amico, immaginatelo esattamente come lo avete visto l'ultima volta, vedete la stanza, i mobili, ricordate la conversazione; adesso raffiguratevi il suo viso distintamente, parlategli di qualcosa di comune interesse; vedete la sua espressione cambiare, osservatelo sorridere.

Ci riuscite? A questo punto risvegliate il suo interesse, raccontategli qualcosa di entusiasmante, guardate i suoi occhi accendersi di interesse. Funziona? Se la riposta è sì, la vostra immaginazione è buona e sta facendo grandi progressi.

In queste prossime righe scoprirete che potete scegliere liberamente cosa pensare, ma il risultato del vostro pensiero è governato sempre dalla legge immutabile della causa/effetto. Ricordate quando nei capitoli precedenti abbiamo parlato di blocchi psicosomatici a tutti i livelli, corporeo, mentale, emotivo-psicologico e spirituale?

In questa sezione, stiamo imparando a rimuovere ogni possibile residuo di questi effetti indesiderati. I metodi tramite i quali possiamo sostituire le abitudini, che abbiamo visto portare solo situazioni sgradite, con attitudini al pensiero costruttivo, sono di primaria importanza. Tutti sappiamo che non è facile. Le abitudini mentali sono difficili da controllare, ma può essere fatto, e il modo di farlo è cominciare di sana pianta a sostituire i pensieri distruttivi con nuovi atteggiamenti propositivi. Prendete l'abitudine di analizzare ogni pensiero.

Se ritenete che il pensiero che state analizzando sia necessario, se la sua manifestazione nell'oggettivo sarà un beneficio, non soltanto per voi ma per tutti coloro che ne verranno in qualche modo interessati, allora mantenetelo, fatene tesoro, perché è di valore, è in sintonia con l'infinito, crescerà e si svilupperà e porterà risultati ottimi.

Imparate a tenere chiusa la porta, tenete fuori dalla vostra mente, dal vostro ufficio e dal vostro mondo, ogni elemento che cerca di entrarvi senza avere un chiaro scopo utile. Se il vostro pensiero è stato critico o distruttivo ed è il risultato di qualche condizione di discordia o disarmonia nel vostro ambiente, sarebbe per voi necessario riuscire a coltivare un atteggiamento mentale che vi consenta di sradicare alla radice il problema.

Sappiamo che con l'immaginazione consapevole possiamo farlo. Dove prima usavamo affermazioni del tipo: "non mi riesce", "è più forte di me", "non sono capace"; ora possiamo dire con certezza che invece "è possibile", "mi impegno e ci riesco", "so che posso farlo". Questo è il potere plastico che modella le cose sensibili in altre forme e ideali. L'immaginazione è la forma costruttiva di pensiero che deve precedere ogni forma di azione.

Consideriamola come un blocco di argilla che aspetta di prendere forma dalle nostre mani. Prima di coltivare l'immaginazione, questa deve essere esercitata. Questo allenamento è necessario per sviluppare la tecnica, ma non confondete l'immaginazione con la fantasia. Sognare a occhi aperti può essere uno svago pericoloso, perché è soggetto a far passare ogni tipo di emozione. La fantasia fine a se stessa non ha meta né scopo e noi, che vogliamo imparare a governare la nostra mente, dobbiamo imparare a non allentare il controllo quando si tratta dei nostri veri obiettivi e del nostro vero benessere.

SEGRETO n. 44: impariamo a tenere chiusa la porta della mente ai pensieri distruttivi.

Immaginazione costruttiva significa lavoro mentale e realizzazione. Quando diverrete pienamente coscienti del fatto che la mente è l'unico principio creativo e che potete essere coscientemente in armonia con questo principio tramite il vostro potere del pensiero, avrete fatto un grande passo in questa direzione. La prossima azione è quella di mettervi nella posizione di ricevere questo potere. Sappiamo che è dentro di noi, ma deve essere ripristinato, coltivato e per farlo dobbiamo essere ricettivi, allenandoci ad ascoltare il nostro subconscio nel silenzio.

Non possiamo tenere con noi pensieri di debolezza, offesa e negatività per dieci ore al giorno e aspettarci poi di trovare condizioni di bellezza, forza e armonia in dieci minuti di pensieri di forza, positività e creatività. Il vero potere proviene dall'interno. Tutto il potere che chiunque ha la possibilità di usare è l'uomo/donna interiore che aspetta solo di essere portato alla luce. Individuando questo aspetto di noi, dichiarandolo come una parte importante che ci appartiene, possiamo lavorare sulla nostra coscienza fino a che questa non sarà una manifestazione di tutto il nostro essere.

Ogni errore che facciamo è dettato dall'ignoranza in quanto, fino a ora, non siamo stati consapevoli di qual è il vero meccanismo che sta alla base del reale e concreto cambiamento di noi stessi. L'acquisizione della consapevolezza e il conseguente potere è ciò che determina crescita ed evoluzione. Questa consapevolezza è la capacità dell'uomo di pensare, il pensiero è il seme dell'evoluzione cosciente e quando smettiamo di avanzare nei nostri pensieri, quando non miglioriamo la qualità delle nostre aspirazioni, le forze cominciano subito a scemare e le condizioni cambiano perdendo valore.

Se lo volete, voi potete. Prendete l'abitudine di annotare sul vostro diario della crescita, i pensieri e le riflessioni che vi arrivano a fine giornata, mettete la data. Se fate questa operazione quotidianamente e in modo parallelo agli esercizi consigliati in questo libro, non potrete non notare un vistoso cambiamento del contenuto di queste note, anche solo dopo poco tempo. È automatico, sempre se seguite con costanza i piccoli compiti assegnati. L'immagine saldamente mantenuta è ciò che predetermina e attrae le necessarie condizioni per la sua realizzazione.

Nell'esercizio precedente avete creato un'immagine mentale e l'avete portata alla coscienza come se fosse visibile. Nel prossimo esercizio, prendiamo un oggetto e proviamo a risalire alla sua origine, vediamo in che cosa consiste realmente. Se lo fate, svilupperete l'immaginazione, l'intuito, la percezione. Si tratta di un processo di osservazione non superficiale, ma acuta, analitica, che guarda sotto la superficie. Sono in pochi a sapere che le cose che vedono sono solo effetti e che sono in grado di rintracciare le cause dalle quali questi oggetti sono stati portati nel mondo reale.

Raggiungete la vostra sedia e ritrovate la stessa posizione; visualizzate ora, una nave da guerra corazzata, osservatela galleggiare sulla superficie dell'acqua. Pare che non ci sia nessuno a bordo, tutto è in silenzio. Voi sapete che la gran parte di questa nave è sott'acqua, fuori dalla vostra visuale, che la nave è larga e pesante.

Siete inoltre certi che ci sono centinaia di uomini pronti a scattare alle loro mansioni all'istante e che ogni compartimento ha i propri ufficiali capaci, addestrati e specializzati, che si sono dimostrati competenti a farsi carico di questo meraviglioso meccanismo. Vi rendete anche conto che, nonostante appaia deserta, la nave in realtà ha occhi che vedono tutto per miglia e miglia. Questo e molto altro, potete creare nella vostra mente, senza un grande sforzo.

Ma come è arrivata lì la corazzata? Com'è stata portata all'esistenza nel mondo reale? Potete capire tutto se sarete degli osservatori attenti. Vedrete allora le grandi lastre d'acciaio attraverso le fonderie, andando ancora indietro vedrete gli uomini intenti a creare le lastre e ancora indietro il minerale che viene estratto dalla miniera, che fonde e diventa metallo. E ancora indietro, gli ingegneri che progettano lo scafo. Lasciate ora che il pensiero vada ancora più indietro, per capire chi ha dato ordine di costruire la nave.

Siete andati così indietro che ora la corazzata è qualcosa di intangibile, non esiste più, è solo un pensiero nel cervello dell'ingegnere. Capite cosa significa questo? Quando il pensiero viene addestrato a guardare sotto la superficie, ogni cosa assume un aspetto diverso.

SEGRETO n. 45: risalire all'origine degli oggetti, scavare sotto la superficie dell'apparenza, ci consentirà di avere un nuovo sguardo sul mondo che ci circonda.

Nelle pagine che seguono imparerete a costruire e modellare gli strumenti con i quali crearvi qualsiasi condizione desideriate. Se desiderate cambiare le condizioni, dovete cambiare voi stessi. I vostri capricci, le vostre fantasie, le vostre ambizioni verranno anche contrastate a ogni passo, ma i vostri intimi pensieri, quelli veri e importanti, troveranno certamente espressione.

Supponete dunque di voler cambiare le condizioni, come dobbiamo fare? La risposta è semplice, tramite la regola della crescita. Causa ed effetto sono assoluti e rigorosi tanto nel mondo invisibile del pensiero quanto nel mondo delle cose materiali. Tenete nella mente la condizione che desiderate; affermatela come fosse già esistente. Questo mostra il valore di una potente affermazione. Tramite la costante ripetizione essa diventa una parte di noi. Ed effettivamente, noi cambiamo noi stessi, diventiamo quello che vogliamo essere.

Il carattere, quindi, non è frutto del caso, ma è il risultato del continuo impegno. Se siete timidi, insicuri, ossessionati dai vostri difetti, o se siete ansiosi o perseguitati da pensieri di paura o imminente pericolo, ricordate che due cose non possono esistere nello stesso posto allo stesso momento e che questo vale anche per il mondo mentale. Il rimedio sarà chiaramente quindi sostituire i pensieri di paura, mancanza e limitazione con pensieri di coraggio, potere, sostegno e fiducia. Il modo più semplice e più naturale per farlo è scegliere un'affermazione che sembri incontrare il vostro caso. State sicuri che il pensiero positivo distruggerà quello negativo, così come la luce sconfigge il buio.

E allora che cosa dovremmo pensare? Cosa dovremmo desiderare? Una volta che avremo risposto a queste domande avremo trovato il meccanismo giusto, quello che ci farà raggiungere il nostro obiettivo. Per pensare correttamente, dobbiamo conoscere la "verità". Potrebbe sembrare una spiegazione troppo semplice, ma scoprirete che questo è il fondamento, la condizione operativa, la legge assoluta del ben-fare che significa, in definitiva , ben-essere.

La verità, quindi, è il principio fondamentale in ogni rapporto economico o sociale. È la condizione che precede ogni giusta azione. Conoscere la verità, essere sicuri, essere fiduciosi, dona una soddisfazione preziosa. È l'unico terreno solido su cui lavorare, nel mondo mentale del dubbio, del conflitto e del pericolo. Conoscere la verità vuol dire essere in armonia e connessi a un potere infinito che spazzerà via ogni dubbio o errore. Ogni azione che non è in armonia con la verità, per ignoranza o per intenzione, risulterà come discordia e perdita, in proporzione alle sue caratteristiche e alle sue dimensioni.

Come facciamo, dunque, a conoscere la verità in modo da collegarci al giusto meccanismo di realizzazione? Riconosciamo la verità nella sua forma più pura quando sperimentiamo qualcosa di perfetto. Quando la verità si manifesta, ogni forma di errore o divergenza deve scomparire.

Dentro di noi, in alcune rare circostanze, proviamo un sentimento di pienezza, sentiamo che il momento che stiamo vivendo è esattamente come dovrebbe essere e tutto è perfetto. Questo è verità. Dobbiamo riuscire a ricreare queste sensazioni coscientemente, così esse non saranno più costrette ad abbandonarci, in fuga dai nostri pensieri ossessivi e distruttivi. Ecco un'altra affermazione da ripetere più spesso possibile: «Io sono completo, perfetto, forte, potente, amorevole, armonioso e felice».

Ripetetela prima di addormentarvi e al mattino appena svegli. Non solo va affermata per noi stessi, ma anche per coloro che conosciamo e che sappiamo ne hanno bisogno. Abbiamo imparato che raccogliamo quello che seminiamo. Se mandiamo pensieri di amore e salute, riceveremo senza dubbio buona energia. Se creiamo difetti e disagi nel nostro corpo anno dopo anno, non dobbiamo incolpare altri che noi stessi.

L'uomo è la somma totale dei suoi stessi pensieri. È quindi indispensabile comprendere come mantenere solo i buoni pensieri e respingere quelli distruttivi. All'inizio non riusciremo a impedire ai pensieri cattivi di farsi strada nella nostra mente, ma possiamo piano piano evitare che vi si radichino. L'unico modo per riuscirci è dimenticarli, sostituirli con qualcos'altro. È qui che arriva l'affermazione precostituita.

Quando si insinua un pensiero di rancore, gelosia, paura o apprensione, pronunciate subito la vostra affermazione, è il metodo più utile e veloce da applicare e non potrebbe essere più completa. Usatela così com'è, prendetela con voi nel silenzio, finché non sarà penetrata nel vostro subconscio: a quel punto potrete usarla ovunque, in auto, in ufficio, a casa… questo è il suo vantaggio.

Riassumendo, se il vostro atteggiamento mentale predominante è di coraggio, forza mentale, calma e comprensione, l'ambiente rifletterà o fornirà condizioni che corrisponderanno a questi pensieri. Se invece l'atteggiamento mentale sarà debole, critico, invidioso e distruttivo, ansioso, gli stessi contenuti si manifesteranno nel nostro quotidiano. I pensieri sono le cause e le condizioni sono gli effetti. Il pensiero è creativo e si rapporterà automaticamente col suo oggetto.

Il prossimo esercizio visualizzare nella visualizzazione di una pianta; immaginate un fiore che vi piace, quello che ammirate di più, portatelo alla vostra coscienza. Immaginate di piantare un seme di questo fiore; innaffiatelo, curatelo, mettetelo dove può essere illuminato dal sole e guardatelo germogliare. Adesso è un organismo vivente, qualcosa che vive. Osservate le sue radici che penetrano nella terra, guardatele espandersi in tutte le direzioni e ricordate che anche loro sono cellule viventi che si dividono e suddividono e che presto saranno tantissime, che ogni cellula è intelligente, che sa ciò che vuole e che sa come ottenerlo. Guardate lo stelo spuntare fuori, in tutta la sua dimensione, osservatelo estendersi sulla superficie del terreno, vedetelo dividersi e ramificarsi.

La sua ramificazione è perfetta, le foglie iniziano a formarsi e quindi i piccoli gambi, ognuno dei quali ha un germoglio. Appena lo guardate, il germoglio comincia ad aprirsi e il vostro fiore preferito appare. Ora, se vi concentrerete, potrete sentirne anche il profumo. Questa è la bellissima creazione che avete visualizzato. Quando diverrete capaci di rendere nitida e completa la vostra creazione, sarete in grado di entrare nello spirito di una cosa o di una condizione.

Diventerà per voi molto reale. Imparerete a concentrarvi e il processo è lo stesso, che siate concentrati sulla salute, sul fiore preferito, su un obiettivo, su un ideale o su qualunque altro problema della vita.

SEGRETO n. 46: ogni risultato è raggiunto tramite la costante concentrazione sull'obiettivo che ci interessa.

Alla fine il pensiero domina ogni cosa. Ci sono momenti in cui gli impulsi e le passioni sono più potenti, ma presto si esauriscono, invece la mente, agendo costantemente, è sempre pronta a ricondurli indietro e lavorare quando la loro energia è consumata. Se raggiungete una piena comprensione del concetto contenuto in queste ultime righe, avrete imparato che nulla accade senza una precisa causa. Sarete capaci di preparare i vostri progetti in accordo con questa regola. Saprete anche come controllare qualunque situazione, inserendo nel gioco le cause appropriate.

Quando otterrete l'esito che desiderate, saprete esattamente il perché vi siete riusciti, sarà stato merito del vostro impegno. Le persone, normalmente hanno una cognizione incompleta di causa ed effetto, sono dominate più dai sentimenti e dalle emozioni. In generale sono più occupate a giustificare le proprie azioni.

Se un uomo d'affari fallisce dice di essere stato sfortunato, se non ha amici dice che gli altri non riescono a capirlo o ad apprezzarlo. Non si esamina mai il problema fino in fondo. In sintesi, non si riesce a capire che ogni effetto è il risultato di una certa particolare causa, e le persone cercano di consolarsi con giustificazioni e scuse, pensando solo a difendersi. Al contrario, chi riesce a capire che non c'è effetto senza un'adeguata causa pensa in modo corretto, considera esclusivamente i fatti in rapporto alle conseguenze. È libero di seguire la verità ovunque essa porti, vede chiaramente, dall'inizio alla fine, onesto come stanno le cose. Il risultato è che il mondo e le circostanze gli forniscono tutto ciò che gli necessita per raggiungere la sua meta.

Ricordate che creare è come chiamare all'esistenza qualcosa che non esiste nel mondo oggettivo e l'evoluzione è semplicemente lo sviluppo delle potenzialità insite nelle cose che già esistono. Prendete appunti sul vostro diario della crescita, su ogni intuizione o spunto che vi sia venuto in mente con l'esercizio del fiore.

Ripercorriamo gli ultimi argomenti. Se mantenete pensieri che non sono in accordo con l'armonia, siete isolati, i pensieri vi sfibrano, vi tormentano, vi preoccupano e alla fine vi causano malessere e disagio.

Il pensiero costruttivo, equilibrato, deve necessariamente essere creativo e questo elimina ogni atteggiamento distruttivo. Saggezza, forza, coraggio e tutte le condizioni propositive, sono il risultato del potere personale e abbiamo visto che il potere viene dall'interno. Allo stesso modo, ogni carenza, limitazione, circostanza avversa, sono il risultato di debolezza e la debolezza è semplice assenza di potere personale che può essere sviluppato con l'esercizio.

E a proposito di esercizi, ecco il prossimo. Scegliete uno spazio bianco sul muro, nel posto dove di solito vi sedete. Disegnate mentalmente una linea orizzontale di circa quindici centimetri, provate a vedere la linea chiaramente come se fosse disegnata sul muro. Adesso disegnate mentalmente due linee verticali: ora avete un quadrato. Cercate di vedere il quadrato perfettamente e quando ci siete riusciti, disegnate un cerchio all'interno del quadrato. Ora individuate un punto all'interno del cerchio, adesso fissate e disegnate quel punto a circa venticinque centimetri da voi: a questo punto avete un cono su una base quadrata.

Ricorderete che il vostro disegno era nero; fatelo diventare blu, rosso, giallo. Se ci siete riusciti, state facendo dei veri progressi e sarete presto in grado di concentrarvi su qualunque problema abbiate in mente.

Quando qualsiasi cosa o condizione viene mantenuta chiaramente nel pensiero, la sua materializzazione nella realtà è solo questione di tempo. La visione precede sempre e determina la realizzazione. Quello che stiamo imparando su questi argomenti in realtà lo sapevamo già, ma forse lo abbiamo dimenticato.

Troviamo affermazioni che trasmettono lo stesso significato, perfino nella Bibbia. Ne è un esempio questo versetto, tratto dal Vangelo di Marco: «Quali che siano le cose che desiderate, per le quali pregate, siate convinti di riceverle, ed esse saranno vostre» (Marco, 11:24). Questa è la strada per utilizzare il potere creativo del pensiero, imprimendo nella mente soggettiva ciò che desideriamo come un fatto già esistente. Stiamo in questo modo pensando nel piano dell'assoluto, eliminando tutte le considerazioni di condizioni o limitazioni. Stiamo piantando un seme che, se lasciato crescere indisturbato, alla fine germoglierà nel mondo esterno.

Ecco ancora un altro esercizio. Concentratevi sulla citazione della Bibbia: «Quali che siano le cose che voi desiderate, per le quali pregate, siate convinti di riceverle, ed esse saranno vostre». Notate che non ci sono limitazioni, viene detto "quali che siano le cose", e questo sta a significare che l'unico ostacolo che può arrivarci, viene dalla nostra incapacità di pensare in modo giusto, equilibrato di essere corretti nelle occasioni, di essere all'altezza delle necessità. Ricordiamo che la fiducia non è un concetto astratto ma una sostanza, è la vera sostanza di ciò che speriamo e vogliamo vedere realizzato.

Per prima cosa dovete avere cognizione del vostro potere, in secondo luogo avere il coraggio di osare, e infine attuare con fiducia. Se vi concentrate su questo, se gli date tutta la vostra attenzione, scoprirete un mondo diverso. Ricordate: la conoscenza non applica se stessa, siamo noi a doverla applicare.

Per farvi un esempio, immaginate di guardare, attraverso la vostra macchina fotografica, vedrete che il soggetto o il panorama, se non è a fuoco, appare nebuloso e indistinto. Ma quando viene ottenuta la corretta posizione dell'obiettivo e la messa a fuoco è corretta, l'immagine è chiara e definita. Questo rappresenta il potere della concentrazione. Fino a che non sarete concentrati sull'oggetto in questione, non avrete che un sagoma nebbiosa, confusa, vaga, indistinta e sfocata del vostro ideale e il risultato corrisponderà alla vostra immagine mentale.

Non c'è scopo nella vita che non possa essere raggiunto attraverso una comprensione consapevole del potere del pensiero. Ma il vostro obiettivo deve essere preciso, chiaro, definito; avere un obiettivo oggi, un altro domani e un altro ancora dopo giorni, significa disperdere le forze e non concludere nulla. Se uno scultore inizia a lavorare il suo pezzo di marmo con lo scalpello e cambia la propria idea ogni quindici minuti, quale risultato potrà aspettarsi? Il frutto di questa indecisione e di questo pensiero negativo corrisponde spesso a perdite di vario tipo.

SEGRETO n. 47: indecisione e incostanza bloccano la nostra crescita personale, con il potere del pensiero può essere raggiunto qualunque scopo.

Possiamo certamente affermare che la vera indipendenza, non è data da denaro o beni materiali. Spesso, si è visto, una "presunta" indipendenza raggiunta con molti anni di duro lavoro e sforzi, può scomparire improvvisamente. Si scopre così che spesso che denaro e proprietà non possono essere considerati indipendenza stabili conquiste. Al contrario, l'unica autonomia si scopre essere la conoscenza pratica e funzionale del potere creativo del pensiero.

Ora, andate nella solita stanza, prendete la solita sedia e assumete la solita posizione di sempre. Siate sicuri di rilassarvi, lasciatevi andare sia fisicamente che mentalmente, questo fatelo sempre, non tentate mai di fare qualsiasi lavoro mentale mentre siete sotto pressione. Siate completamente a vostro agio. Concentratevi sulla vostra coscienza superiore, il vostro Sé, sentitelo come una parte attiva di voi, come reale esecutore dei vostri pensieri.

Apprezzate e realizzate il fatto che questa parte di voi esiste ed è vitale e operativa, riconoscetela. Datele fiducia, accoglietela e permettetele di interagire totalmente con la vostra vita. Fissate nel vostro subconscio questo patto tra voi e il vostro Sé superiore. Potrete richiamarlo a voi, in ogni occasione .

SEGRETO n. 48: il nostro Sé superiore ha la funzione di "navigatore", è il reale esecutore dei nostri pensieri.

RIEPILOGO DEL GIORNO 6:

- SEGRETO n. 44: impariamo a tenere chiusa la porta della mente ai pensieri distruttivi.

- SEGRETO n. 45: risalire all'origine degli oggetti, scavare sotto la superficie dell'apparenza, ci consentirà di avere un nuovo sguardo sul mondo che ci circonda.

- SEGRETO n. 46: ogni risultato è raggiunto tramite la costante concentrazione sull'obiettivo che ci interessa.

- SEGRETO n. 47: indecisione e incostanza bloccano la nostra crescita personale, con il potere del pensiero può essere raggiunto qualunque scopo.

- SEGRETO n. 48: il nostro Sé superiore ha la funzione di "navigatore", è il reale esecutore dei nostri pensieri.

GIORNO 7:

Come raggiungere una reale consapevolezza di sé

Tutto quello che stiamo apprendendo è di vitale importanza per avere una vita piena e felice. Magari siamo stati già per troppo tempo in condizioni pesanti, psicologicamente e moralmente, e non possiamo certo spendere ancora altri anni della nostra vita in questo stato. Se vi accostate alla disciplina necessaria a generare un cambiamento radicale nella vostra vita, dovete farlo volontariamente.

Vi ho suggerito di tenere un diario della crescita perché può aiutarvi nel percorso, saprete da dove siete partiti e come ci siete arrivati. Una volta stabilito cosa e chi, soprattutto, volete diventare, assicuratevi di avere il materiale giusto (pensiero accurato e piena consapevolezza) e non permettete e niente e a nessuno di interferire con la vostra decisione.

Questa disciplina, questo cambiamento di pensiero, questo atteggiamento mentale, non vi aiuterà solo a cambiare voi stessi in meglio, vi darà anche tutto ciò di cui avete bisogno per esprimere tutto ciò che siete nel profondo, vi darà armonia.

Come prossimo esercizio ci concentreremo proprio sull'armonia. Ricordate che quando parliamo di concentrazione, si intende tutto quello che questa parola implica. Dobbiamo essere concentrati così profondamente, così seriamente, da non essere consci di nient'altro eccetto che di questa armonia. Ricordiamoci inoltre che per imparare è indispensabile la pratica e quindi limitarsi solo a leggere questo libro non vi farà arrivare da nessuna parte.

È nell'applicazione della pratica che consiste il vero valore. Nelle prossime righe andremo ancora più in profondità. Ormai abbiamo già capito che difficoltà, disarmonie e ostacoli, indicano che stiamo rifiutando di rinunciare a ciò di cui non abbiamo più bisogno o di accettare ciò di cui invece necessitiamo.

Rileggete questa frase più e più volte, fino a che il suo contenuto non vi sia chiaro. Come abbiamo già detto, la crescita si ottiene attraverso uno scambio tra il vecchio e il nuovo, tra il buono e il migliore. Non possiamo ottenere ciò che ci manca se restiamo tenacemente avvinghiati a ciò che abbiamo. Dobbiamo essere in grado di controllare coscientemente le nostre condizioni. Lo faremo in modo direttamente proporzionale a come intuiamo il fine ultimo di ciò che attraiamo.

In altre parole, più saremo coscienti delle cause di ciò che ci accade, più saremo in grado di ricavare da ogni esperienza solo quello di cui abbiamo bisogno per la nostra ulteriore crescita. La nostra abilità nel farlo determinerà il livello di armonia o felicità ottenuto. La capacità di impadronirci di ciò che serve alla nostra crescita aumenta in modo costante, mano a mano che raggiungiamo un livello maggiore di consapevolezza.

Nulla può raggiungerci eccetto quello che è necessario a questo processo di revisione, infatti ogni esperienza è un nuovo passo verso la comprensione del nostro vissuto. Le difficoltà e gli ostacoli continueranno ad arrivare fino a quando non avremo assorbito la loro saggezza, il loro insegnamento e finché non avremo capito la loro funzione nella nostra crescita. Ritorniamo allora al valore del pensiero, all'importanza della sua comprensione e della sua direzione consapevole. La prima forma in cui si troverà il pensiero è il linguaggio, sono le parole. Questo determina la loro importanza, dal momento che costituiscono la prima espressione del pensiero, il modo in cui viene veicolato.

Per aiutare il pensiero a essere in grado di trasformare la nostra realtà, dobbiamo essere attenti, in particolar modo, a usare soltanto un linguaggio consono al nostro scopo, costruttivo, armonioso che, una volta cristallizzato in forme oggettive, provveda a portarci beneficio. Non possiamo sfuggire alle immagini che fotografiamo in modo continuo nella mente, e la fotografia di concezioni erronee è esattamente ciò che viene fatto dall'uso delle parole quando ricorriamo a un tipo di linguaggio che non si identifica col nostro benessere.

È con le parole che dobbiamo esprimere i nostri pensieri, e se vogliamo usare alte verità dobbiamo fare riferimento soltanto a materiale accuratamente selezionato e intelligente, in vista di questo scopo. Sappiamo che il pensiero individuale è in perenne tentativo di esprimere se stesso nella forma e che la parola è una forma che può prestarsi allo scopo. Una frase, a sua volta, è una combinazione di forma e pensiero quindi, se desideriamo che il nostro obiettivo sia bellissimo e forte, dobbiamo fare in modo che le parole che usiamo per descriverlo, siano esatte, messe insieme con cura e precise nel loro intento.

SEGRETO n. 49: le parole sono forme-pensiero, abituiamoci a esprimere al meglio ogni nostra verità.

Allora, il potere della parola consiste nel potere del pensiero e il potere del pensiero consiste nella sua forza e vitalità. Come riconosciamo un pensiero vitale? Quali sono le sue caratteristiche distintive? Deve avere un principio. Come identifichiamo il principio? Prima di tutto il pensiero vitale è forte, mette radici e cresce, è così che riesce a sopraffare gli atteggiamenti o le riflessioni negative. La sua forza viene anche dal fatto che, se impegniamo tutta la nostra massa-pensiero nella concentrazione propositiva, non rimarrà che pochissimo spazio per le sensazioni autosabotanti.

Il subconscio non può ragionare, ci prende in parola. Noi chiediamo qualcosa e ora dobbiamo riceverlo. Abbiamo disegnato il nostro sogno e ora lo vediamo proiettato sullo schermo. Per questa ragione, deve essere esercitato l'intuito, cosicché il pensiero che manterremo non conterrà germi mentali, morali o fisici che non vogliamo materializzare nelle nostre vite.

L'intuito è una facoltà della mente per mezzo della quale siamo in grado di esaminare fatti e condizioni per largo raggio; una specie di telescopio umano, che ci rende capaci di comprendere le difficoltà tanto quanto le possibilità di ogni impresa. L'intuito ci mette nella condizione di essere preparati per gli ostacoli che potremmo incontrare, e ci consente di superarli prima che abbiano qualsiasi occasione di crearci delle difficoltà.

Col suo aiuto, possiamo pianificare in anticipo e volgere il nostro pensiero e la nostra attenzione verso la giusta direzione, anziché verso canali che non apportano alcun possibile miglioramento. L'intuito, quindi, è assolutamente essenziale per lo sviluppo di qualsiasi obiettivo, e può essere accresciuto lavorando sulla concentrazione.

Vediamo come. Ecco il vostro prossimo esercizio: concentratevi sul concetto di intuito. Ritrovate la vostra solita posizione e focalizzate il pensiero sul fatto che conoscere il potere creativo del pensiero, non significa possedere l'arte del pensare. Lasciate che la mente si fermi sull'idea che la conoscenza non applica se stessa; che le nostre azioni non sono governate dalla conoscenza, ma dalle abitudini e dal nostro modo precedente di vivere. Cercate di capire che la conoscenza non utilizzata, viene dimenticata e che il valore dell'informazione è nell'applicazione del suo principio.

Continuate su questa linea di pensiero fino a che non avrete guadagnato sufficiente intuito per creare un programma specifico, per applicare questo principio a un problema che vi sta a cuore. Allenatevi ogni volta che ne avete la possibilità a mettere in pratica questo esercizio.

SEGRETO n. 50: l'intuito è un principio attivo che ci aiuta a realizzare i nostri obiettivi di vita.

Se quindi vogliamo giungere alla realizzazione di qualunque nostro desiderio dobbiamo formare nella nostra mente l'immagine esatta della riuscita. Visualizziamo la scena come fosse il fotogramma di un film poi, idealmente, alziamo le braccia e spingiamo questo schermo con l'immagine, come a imprimerla nella cera del nostro intento personale.

Siamo giunti alla conclusione che non esiste altro senso se non quello del sentire e che tutti gli altri sensi non sono che sue modificazioni. Sappiamo questo perché il sentimento è la sorgente principale del potere, perché le emozioni superano l'intelletto e perché dobbiamo mettere sentimento nei nostri pensieri se desideriamo ottenere dei veri risultati. Pensiero e sentimento, infatti, sono una combinazione vincente. La visualizzazione deve essere diretta dalla volontà, dobbiamo visualizzare esattamente, dobbiamo fare in modo che l'immaginazione non divaghi.

L'immaginazione è un buon servitore, ma sfugge facilmente al nostro controllo, e se non viene guidata può condurci a deviazioni dal nostro percorso che non hanno alcuna utilità. Costruiamo quindi immagini che sappiamo essere vere, sottoponiamo ogni idea a una profonda analisi e non accettiamo nulla che non sia in linea con ciò che vogliamo creare.

Ecco il prossimo esercizio. Concentratevi e pensate che armonia e felicità sono stati di coscienza e che non dipendono dal possesso materiale. Che le cose sono effetti e arrivano come conseguenza di stati mentali corretti. Questo atteggiamento mentale viene ottenuto attraverso il riconoscimento della nostra natura profonda. Una volta che saremo riusciti a crearlo, sarà relativamente facile realizzare ciò che ci prefiggiamo; a questo punto, avremo trovato la "verità" che ci rende liberi da privazioni e limitazioni di ogni tipo.

Noi, che viviamo nel ventunesimo secolo, sentiamo sempre più spesso parlare di amore, ma in realtà lo avviciniamo solo in teoria. In pratica, siamo più propensi a costruire modelli di benessere, potere, affermazione, che una volta ottenuti ci sembrano il risultato di massima felicità. In realtà, se riuscissimo a portare l'amore al centro di noi stessi, come attenzione per il nostro Sé, per ciò che è giusto per noi e per gli altri, come giusta scala di priorità da osservare, tutte queste condizioni sarebbero la diretta conseguenza.

Non ci stiamo accorgendo di attuare il processo inverso del

pensare. Ecco perché occorre essere coscienti, raccoglierci nel nostro silenzio interiore, avere comprensione totale di noi stessi, dei nostri veri bisogni. Così facendo, proiettiamo i reali risultati ottenuti, quelli necessari e attendibili, nell'ambiente che ci circonda, stimolando anche chi ci sta attorno.

SEGRETO n. 51: il benessere e la completezza sono risultati di uno stato di coscienza corretto.

La concentrazione continua, significa un liscio, ininterrotto flusso di pensiero ed è il risultato paziente, persistente, perseverante di un sistema ben regolato. Tutta la conoscenza è il risultato di questa concentrazione; il desiderio subcosciente, poi, risveglia le facoltà latenti della mente e i problemi apparentemente insolubili sembrano risolversi da soli. Sentiamo sempre più spesso le persone affermare di "avere" e di rado di "essere". Dobbiamo imparare che la prima condizione non può esistere senza la seconda. Non possiamo "avere" senza "essere".

La debolezza, l'incostanza, la mancanza di chiarezza, sono l'unica barriera che ci separa dalla realizzazione mentale e concreta del nostro nuovo modo di vivere. Attribuiamo questa debolezza a limitazioni, fisiche, psicologiche e mentali, accettiamolo, e proviamo di nuovo. Solo con la determinazione otterremo il risultato sperato. Rafforziamo la nostra mente, alziamola al di sopra delle distrazioni e degli impulsi dell'istinto senza controllo, se vogliamo prevalere sui nostri conflitti.

SEGRETO n. 52: la vibrazione è l'azione del pensiero; è la vibrazione che attrae il materiale necessario a costruire il nuovo.

Non c'è niente di misterioso che riguardi il potere del pensiero. La concentrazione implica semplicemente che la coscienza può essere focalizzata nel punto in cui si identifica con l'oggetto della sua attenzione. L'intuizione che abbiamo, in questo modo, arriva alle giuste conclusioni senza l'aiuto dell'esperienza e della memoria, stiamo infatti costruendo sul nuovo. Con questo strumento eccezionale, l'intuizione, spesso risolviamo problemi che vanno al di là del potere del ragionamento.

Ci arriva come un lampo e ci rivela la verità che stiamo cercando, in modo così diretto e chiaro, che sembra provenire quasi da un potere superiore. Possiamo coltivarla e svilupparla, ma per farlo, dobbiamo prima riconoscerla e apprezzarla. Nel prossimo esercizio, concentratevi sul fatto che l'essenza di una cosa è la cosa in sé, la sua parte vitale, la sua sostanza reale. Rilassatevi completamente, rifuggite l'ansia. Ricordate che il potere viene dalla quiete.

Lasciate che il pensiero rimanga sul vostro obiettivo fino a che non è completamente identificato con esso, fino a che non sarete consci di nient'altro. Se desiderate eliminare la paura, concentratevi sul coraggio. Se desiderate eliminare la malattia, concentratevi sulla salute. Se desiderate eliminare la mancanza, concentratevi sull'abbondanza. Concentratevi sempre sull'obiettivo come un fatto già esistente. Ripetete, ogni volta che potete, questa sequenza e siate certi del risultato.

È attraverso questo principio di combinazione e attrazione che le cose si mettono insieme. Questo principio è di applicazione universale ed è l'unico mezzo col quale lo scopo della nostra esistenza può venire realizzato. Siamo tutti interconnessi e quindi la crescita è condizionata da un'azione reciproca. È per questo che la nostra prima responsabilità consiste nel migliorare noi stessi, nell'evolvere e nel portare contenuti di valore, attivi, solidi, in questo interscambio.

Usiamo il nostro potere per acquisire consapevolezza, se non lo facciamo l'avremo perso e smarriremo con esso la possibilità di crescere. Ora concentratevi sul vostro potere di creare; cercate la vista interiore, la percezione. Lasciate che il pensiero si fermi sul fatto che ogni creazione dipende dal seme che è stato gettato. Se sappiamo come le nostre idee si formano, crescono e si sviluppano, possiamo interagire con i possibili risultati e dirigerli nel punto voluto. Tutto questo percorso allora non sarà un'avventura disordinata, ma un processo sistematico.

Ogni tipo di esperienza fornisce un suggerimento per formulare decisioni e per cercare la verità, noi cerchiamo la causa prima. Se scopriamo che questa causa è una di quelle che possiamo controllare coscientemente, anche l'effetto o l'esperienza corrispondente sarà sotto il nostro controllo. Non saremo più, quindi, vittime della sorte, ma potremo determinare il nostro futuro: è questo il grande processo attraverso il quale tutte le cose vengono continuamente rinnovate.

Il pensiero è la forza vitale che si sta sviluppando e che ha prodotto risultati sorprendenti nell'ultimo mezzo secolo, tali da creare un mondo che sarebbe stato inconcepibile anche solo immaginare. Nei prossimi cinquant'anni, potremmo aspettarci di assistere all'evoluzione del cervello dell'uomo... almeno, ce lo auguriamo!

Nel prossimo esercizio impareremo a concentrarci in maniera totale, profonda. Cercate di rimanere completamente assorbiti dal vostro obiettivo. Giornalmente, siamo abituati a prenderci il tempo necessario per mangiare, in modo che il corpo possa essere nutrito. Allo stesso modo, dobbiamo dedicare tempo a nutrire la nostra mente.

Ogni giorno ritagliamoci uno spazio per fare poterci concentrare, anche se solo pochi minuti, questo ci ricorderà chi siamo e a che punto ci troviamo della nostra vita. Tutto quello che si affaccia alla vostra coscienza, durante ogni sessione, dovrà avere un suo posto nelle pagine del vostro diario della crescita. Prendete l'abitudine di riflettere su ciò che scrivete, anche questo fa parte dell'esercizio. Vedrete che si affacceranno alla vostra mente intuizioni alle quali non avevate mai pensato. Avere delle intuizioni è come uscire dalle strade battute, essere fuori dal solco delle nostre abitudini mentali, perché risultati straordinari richiedono mezzi straordinari. Uscite quindi da ogni vostra comoda ma stagnante abitudine.

SEGRETO n. 53: le intuizioni sono il risultato dell'ispirazione e della concentrazione.

Quindi le intuizioni sono il risultato dell'ispirazione. L'ispirazione può essere definita come l'arte dell'assimilare, l'arte dell'autorealizzazione, l'arte di collegare la mente col meccanismo appropriato a fare di noi degli esseri consapevoli. In queste pagine, avrete trovato determinati concetti ribaditi numerose volte, non è un caso o una pura e semplice ripetizione. L'intento è quello di farli assimilare il più possibile: consiglio infatti di rileggere il libro più volte, in modo da poterne consentire una vera e propria metabolizzazione.

La comprensione puramente intellettuale non vi sarà di alcun aiuto, gli esercizi, le emozioni, gli intenti e le ispirazioni devono essere messi in pratica, pena la loro sterile inutilità. L'ispirazione che raggiungerete corrisponde all'arte di ricevere la vostra intera persona completamente rinnovata. La vostra occupazione nella vita è capire e dirigere tutte le emozioni e sensazioni che tentano di dominarvi e condizionarvi: solo così svilupperete il vostro potere personale.

Ricordate che l'apprendimento senza pensiero è lavoro perso e che il pensiero senza apprendimento è pericoloso. Non è certo cosa facile cambiare il proprio atteggiamento mentale, ma attraverso l'impegno e lo sforzo è possibile riuscirci. Se le vostre immagini mentali non vi piacciono, distruggete quelle che ritenete negative e createne di nuove e più adatte al vostro bisogno di essere ricordate, di cui potete essere dei creatori consapevoli. Non appena avrete fatto questo, comincerete a far apparire nuove abitudini e nuove possibilità. Se l'obiettivo richiede determinazione, talento, coraggio, potere decisionale o altro, queste cose sono necessariamente essenziali alla vostra nuova immagine, quindi, incorporatele. Questi aspetti sono la parte vitale dell'immagine, sono il sentimento che si combina col pensiero per dare forma a quello che vogliamo.

SEGRETO n. 54: impariamo a modellare le nostre immagini, è un gioco bellissimo ed entusiasmante.

Non limitate le vostre aspirazioni, puntate in alto, vedetevi in piena salute, armonia, benessere e realizzate ogni vostra aspirazione. Non ci sono limiti alle possibilità del vostro pensiero. Nessuno può limitarvi… se non lo fate voi stessi. Abbiate il coraggio di essere ciò che realmente siete. Qualunque sia la sfera di vostro interesse, prendetela in considerazione, coltivatela, curatela. Dovete riuscire a far emergere questa natura così profonda e così unica, per poterla compiere totalmente.

Bene, ora prendete il vostro diario della crescita e cominciate questo nuovo percorso, con la certezza che otterrete "veramente" una nuova vita. Buon lavoro!

RIEPILOGO DEL GIORNO 7:

- SEGRETO n. 49: le parole sono forme-pensiero, abituiamoci a esprimere al meglio ogni nostra verità.

- SEGRETO n. 50: l'intuito è un principio attivo che ci aiuta a realizzare i nostri obiettivi di vita.

- SEGRETO n. 51: il benessere e la completezza sono risultati di uno stato di coscienza corretto.

- SEGRETO n. 52: la vibrazione è l'azione del pensiero; è la vibrazione che attrae il materiale necessario a costruire il nuovo.

- SEGRETO n. 53: le intuizioni sono il risultato dell'ispirazione e della concentrazione.

- SEGRETO n. 54: impariamo a modellare le nostre immagini, è un gioco bellissimo ed entusiasmante.

Conclusioni

Siamo giunti all'epilogo. Leggendo questo ebook vi sarete resi conto di quanto sia importante imparare a controllare la qualità di ciò che pensiamo. Sin dall'infanzia siamo soggetti a condizionamenti, sia che ci arrivino dal mondo esterno, sia che nascano dal nostro inconscio. A maggior ragione, quindi, per liberarci e riuscire a esprimerci totalmente, dovremmo impegnarci nel fare un'attenta valutazione della nostra personalità, delle nostre abitudini e del modo di pensare che ci contraddistingue.

Non importa quali siano le precedenti abitudini, non importa se fino a ieri eravamo occupati a combattere con attacchi di panico, con rabbia e paura. La cosa determinante e fondamentale è che abbiamo deciso di cambiare. Abbiamo intrapreso la stesura del nostro diario della crescita. Questo è un buon inizio, ora dobbiamo proseguire e soprattutto mantenere la rotta per arrivare proprio là dove vogliamo, dove abbiamo sempre voluto: alla nostra completa soddisfazione, a una vita piena e felice.

Il vostro unico lavoro consiste nel rendervi coscienti di cosa pensate: persuadetevi che è solo controllando e dirigendo bene questo enorme potenziale che potete ottenere il vero benessere e la vera stabilità. Ognuno di noi è chiamato a fare questo lavoro e come ben potete capire, nessuno può farlo per noi, siamo responsabili del nostro stato di salute, della nostra autonomia, della nostra serenità.

I motivi per i quali dovremmo intraprendere questo percorso di crescita sono tanti e diversi tra loro. Ma, il pensiero base, il filo conduttore per ciascuno di loro, è sempre e solo uno: la piena realizzazione di noi stessi. Il risultato di questo impegno sarà una maggiore autoconsapevolezza. Immaginate se sempre più individui riuscissero a cammino raggiungere questo obiettivo.

Un numero in continuo crescendo di persone sarebbe in grado di controllare le proprie vite in modo sereno, di vivere in equilibrio, di formare una vera nuova generazione più positiva e attenta alla propria scala di valori e priorità: un'umanità più consapevole. Utopia? No. Una possibilità! Perché non darle modo di manifestarsi? Voi siete i primi elementi di questa nuova generazione. Benvenuti!